CATEQUESE
e INTERNET

Dados Internacionais de Catalogação na Publicação (CIP)
(Câmara Brasileira do Livro, SP, Brasil)

Marchini, Welder Lancieri
  Catequese e internet : os processos catequéticos e as novas tecnologias / Welder Lancieri Marchini, Pe. Thiago Faccini Paro. – Petrópolis, RJ : Vozes, 2021.

ISBN 978-65-5713-389-7

1. Catequese – Igreja Católica 2. Catequistas – Formação 3. Cibercultura 4. Comunicação 5. Globalização 6. Internet (Rede de computador) 7. Liturgia I. Paro, Pe. Thiago Faccini. II. Título.

21-76589   CDD-268

Índices para catálogo sistemático:

1. Catequese e internet : Cristianismo 268

Cibele Maria Dias – Bibliotecária – CRB-8/9427

Welder Lancieri Marchini
Pe. Thiago Faccini Paro

CATEQUESE e INTERNET

Os processos catequéticos e as novas tecnologias

EDITORA VOZES

Petrópolis

© 2021, Editora Vozes Ltda.
Rua Frei Luís, 100
25689-900 Petrópolis, RJ
www.vozes.com.br
Brasil

Todos os direitos reservados. Nenhuma parte desta obra poderá ser reproduzida ou transmitida por qualquer forma e/ou quaisquer meios (eletrônico ou mecânico, incluindo fotocópia e gravação) ou arquivada em qualquer sistema ou banco de dados sem permissão escrita da editora.

CONSELHO EDITORIAL

Diretor
Gilberto Gonçalves Garcia

Editores
Aline dos Santos Carneiro
Edrian Josué Pasini
Marilac Loraine Oleniki
Welder Lancieri Marchini

Conselheiros
Francisco Morás
Ludovico Garmus
Teobaldo Heidemann
Volney J. Berkenbrock

Secretário executivo
João Batista Kreuch

Diagramação: Aline Brandão
Revisão gráfica: Alessandra Karl
Capa: Ana Maria Oleniki

ISBN 978-65-5713-389-7

Editado conforme o novo acordo ortográfico.

Este livro foi composto e impresso pela Editora Vozes Ltda.

Sumário

Introdução, 9

1 A COMUNICAÇÃO E A VIDA HUMANA, 17

   1.1 O ser humano é comunicação, 19

   1.2 Deus também é comunicação, 21

   1.3 Pela Palavra de Deus se propaga uma mensagem, 24

   1.4 Comunicar a experiência de Deus, 25

   1.5 A Igreja comunica a Palavra, 27

   1.6 A comunicação da fé no início do cristianismo, 29

   1.7 A comunicação pela arte, 32

   1.8 Uma grande mudança, 35

   1.9 A comunicação no mundo global, 36

     1.9.1 Globalização e mundo midiático, 36

     1.9.2 Globalização como hegemonização, 41

     1.9.3 A globalização chega na pastoral, 43

   1.10 A comunicação hoje, 46

2 A INTERNET, 49

   2.1 Um mundo diferente pede diferentes entendimentos, 52

   2.2 O Sexto Continente e a cibercultura, 53

   2.3 Online e offline, 58

   2.4 Digital e virtual, 59

   2.5 O virtual é real?, 61

   2.6 Uma sociedade em rede, 64

   2.7 A arte e a estética no ciberespaço, 64

   2.8 As diferentes gerações e suas características, 67

   2.9 A internet também se transforma, 70

2.10 Impactos ou processos?, 71

    2.10.1 Excesso de exposição, 72

    2.10.2 O *cyberbullying*, 74

    2.10.3 Quem diz o que pode ou não? A regulação da internet, 75

    2.10.4 *Fake news*, 77

    2.10.5 Linkando nossas vidas, 78

2.11 Uma leitura intercultural dos processos cibernéticos, 80

2.12 Papéis sociais e identidades, 82

3 A CATEQUESE E A INTERNET, 87

3.1 Nossos catequizandos aprendem de maneira diferente, 89

3.2 A catequese é comunicação, 92

3.3 Catequese e a cultura digital, 93

    3.3.1 Mudança de cultura, 93

    3.3.2 Catequese na era digital, 94

3.4 A internet entra no encontro de catequese, 96

3.5 Uma mudança de mentalidade, 97

3.6 Interatividade, comunhão e participação, 99

3.7 Aproximar-se da realidade do catequizando, 100

3.8 O uso de novas tecnologias faz do encontro de catequese melhor?, 102

3.9 Catequese a distância?, 104

3.10 Liturgia e a internet, 106

3.11 A internet como instrumento para a catequese familiar, 110

3.12 Uma "Igreja em saída" para a internet, 112

3.13 Internet como lugar de ternura e coexistência, 113

3.14 Catequese permanente, 114

3.15 Formação de catequistas, 115

Sugestões pastorais, 119

Conclusão: Navegar os mares da internet, 121

Referências, 123

Lista de siglas

CELAM – Conselho Episcopal Latino-Americano

CNBB – Conferência Nacional dos Bispos do Brasil

CIgC – Catecismo da Igreja Católica

DAp – Documento de Aparecida

DC – Diretório para a Catequese

DNC – Diretório Nacional de Catequese

Doc – Documento

EAD – Educação (Ensino) a Distância

EG – *Evangelii Gaudium*

GS – *Gaudium Et Spes*

IBGE – Instituto Brasileiro de Geografia e Estatística

LG – *Lumen Gentium*

SC – *Sacrosanctum Concilium*

Introdução

Somos cada vez mais dependentes da internet. Pagamos contas, consultamos endereços, fazemos ligações telefônicas e compramos produtos pela internet, e tudo isso tem se tornado cada vez mais comum. A internet deixou de ser um ambiente em que entramos para consultar dados. Ela se tornou um meio para nos relacionarmos com o mundo, e, mais que isso, influencia o modo como essas relações acontecem. É como se o mundo estivesse na palma da nossa mão. Podemos conversar com os nossos familiares que convivem conosco no dia a dia, mas também podemos saber de acontecimentos de lugares distantes. A nossa dependência de estarmos conectados, seja para trabalho, estudo ou lazer, pode ser percebida pelos momentos em que ficamos sem internet, ou por que o plano de dados do smartphone acabou, ou porque o Wi-Fi não está funcionando.

A internet faz com que tudo aconteça com maior velocidade. Vamos tomar o exemplo da correspondência. Talvez você catequista que começa a ler este livro nunca tenha escrito uma carta. Mas há 30 ou 40 anos isso era muito comum. As pessoas pegavam papel e caneta e escreviam a parentes, amigos ou ao namorado e namorada. As cartas românticas, enviadas na fase do namoro, eram muito comuns. A carta tinha que ser levada a uma agência do correio, e chegava a seu destino em alguns dias. Com a internet veio o e-mail. Muitas correspondências deixaram de ser escritas ou enviadas pelos correios. O e-mail agilizou a comunicação e uma carta que demorava dias para ser entregue passou a ser recebida em segundos. Isso modificou não somente a maneira como nos comunicamos com nossos parentes e conhecidos, mas também modificou a organização das empresas.

Depois vieram as mensagens SMS, enviadas pelos aparelhos celulares. Essas mensagens curtinhas eram enviadas aos nossos amigos e parentes e isso facilitou muito a nossa comunicação. Se antes era preciso encontrar um telefone fixo para avisar a algum familiar que iria chegar mais tarde em casa, com o aparelho celular era necessário apenas enviar uma mensagem de texto. Mas então surgiram os smartphones, que são esses aparelhos mais novos, que contam com aplicativos. A mensagem de texto, ou SMS, caiu em desuso. Passamos a utilizar aplicativos de troca de mensagens, como o WhatsApp ou o Telegram. E então nossa vida se transformou mais ainda.

Outro exemplo muito simples que nos ajuda a entender como a internet mudou nosso cotidiano é a nossa relação com as músicas. Na década de 1990 e no início dos anos 2000 esperávamos que os cantores lançassem seus discos, também conhecidos como LP. Muitas vezes esperávamos que um amigo comprasse o álbum e gravávamos em uma fita K7. Também era comum que adolescentes e jovens esperassem as rádios tocarem suas músicas preferidas para as gravarem em suas próprias fitas. A internet primeiro nos trouxe a possibilidade de escutarmos as músicas que eram postadas nos sites, como YouTube. Mas logo foram criados aplicativos de músicas, como o Spotify e o Deezer. E agora temos músicas do mundo todo no nosso smartphone, podendo ouvir as canções de nossos artistas preferidos. Os álbuns no formato de LPs e Cds se tornaram artigos de colecionadores e as fitas K7 são raras e muitas vezes nem temos aparelhos próprios para escutá-las.

A internet também mudou a maneira como ouvimos rádio. Antes precisávamos estar relativamente perto das antenas que transmitiam ondas AM ou FM. Sintonizávamos o dial, aquele botão do rádio que girávamos buscando uma rádio de nossa preferência. O chiado entre uma estação e outra se tornou um som característico dos rádios. Muitos diziam que a internet significaria o final das rádios. Mas muitas estações e programas migraram para a internet e se tornaram mais acessíveis, estando presentes nos sites, no YouTube e nos aplicativos. Hoje é possível escutarmos rádios de vários lugares do mundo pelo nosso computador. Se você leitor se identificou com as situações descritas aqui, provavelmente é um migrante digital, ou seja, aprendeu a utilizar a internet quando era jovem ou adulto. Se toda essa situação é estranha para você e parece descrever a vida em outro mundo que você nunca vivenciou, então provavelmente você é um nativo digital e ninguém precisou ensiná-lo a usar a internet. Falaremos dos nativos e migrantes digitais mais à frente.

A princípio podemos entender que a internet acelerou nossa vida. E isso é verdade. Mas a internet também mudou a maneira como nos relacionamos com o mundo, nos tornando muito mais expostos e acessíveis às pessoas. Se há 20 ou 30 anos esperávamos as pessoas chegarem em casa para conversarmos, hoje enviamos inúmeras mensagens durante o dia e, quando não nos respondem ou não visualizam nossa mensagem, ficamos inquietos e em situações extremas, angustiados e preocupados com a falta de resposta.

A internet também trouxe as redes sociais que podem ser vistas como as grandes responsáveis por essa exposição. Inicialmente, podemos entender as redes sociais como aplicativos ou plataformas digitais em que um usuário cria um perfil e a partir dele se socializa com as pessoas. O objetivo das redes sociais é a socialização. Há alguns anos cada rede social tinha um conceito diferente, ou seja, cada rede social buscava um perfil diferente de usuário e de postagens. Nesse processo utilizava-se o Twitter, para curtos comentários, com seus 140 caracteres por postagens, e o Instagram para postar fotografias. Hoje todas as redes sociais são relativamente parecidas e interligadas, de modo que os usuários podem postar textos, fotos e compartilhar conteúdos entre elas.

Porém, as redes sociais, em sua maioria, criaram um espaço de expectativas. Os jovens projetam nas postagens uma vida de aceitação e de beleza, buscando eliminar qualquer forma de imperfeição ou frustração. E não se trata de entender que devemos postar tristeza e frustração, mas de entender que há jovens que tiram várias fotos e não conseguem postar nenhuma porque não aceitam as imperfeições de seu rosto ou de seu corpo, ou ainda não postam as fotografias sem utilizarem um filtro que corrija essas imperfeições. A obrigatoriedade da perfeição, da beleza e do sucesso é um fardo grande demais para que qualquer pessoa o carregue, afinal, somos imperfeitos e erramos.

É cada vez mais difícil encontrarmos alguém que não tenha rede social. É mais difícil ainda encontrarmos alguém que não utilize a internet e estarmos conectados parece ser um caminho sem volta. Estamos sempre online e isso não se limita aos momentos em que ligamos nosso computador ou acessamos nosso smartphone. Estamos sempre online, pois nossos aparelhos são feitos para nunca serem desligados. É raro alguém que desligue seu smartphone ao dormir. Estamos sempre atentos à mensagem que chega, à notificação de que alguém curtiu ou comentou a fotografia que postamos nas redes sociais ou ao e-mail do trabalho que chegou. Não vivemos muitos momentos distantes da internet e, mesmo quando saímos com os amigos ou paramos para jantar com a família, é comum que tiremos fotografias para postarmos nas redes sociais.

A vida sempre muda. Uma geração nunca é igual à outra. Mas parece que tudo muda cada vez mais rápido. Quem nunca teve essa impressão? Celulares, internet e redes sociais fazem parte do cotidiano da juventude de hoje, no entanto, às vezes, um catequista ainda nem sabe mandar mensagens pelo celular, trabalha com catequizandos que não vivem mais sem esse aparelho. Não se trata mais de uma questão de escolha ou não de se inserir no mundo das mídias digitais. É algo natural da nossa sociedade.

Mas quando tratamos da nossa relação com a internet, o encontro de diferentes gerações com diferentes formas de se relacionar com o mundo virtual se intensifica. E aqui cabe uma ressalva: não significa que as pessoas de mais idade não saibam utilizar a internet. Muito pelo contrário, é comum que os idosos tenham perfil nas redes sociais e conversem pelos aplicativos. Contudo, há uma diferença entre os nativos digitais, ou seja, aqueles que cresceram sob a influência da internet, e os migrantes digitais, ou seja, aqueles que aprenderam a utilizar a internet depois de certa idade. Os migrantes digitais assumem padrões mais analógicos (ou físicos e presenciais) mesmo quando estão na internet. Seus amigos no Facebook são os amigos que têm fora da internet; enquanto os nativos digitais constroem relações próprias da internet. É claro que essas são linhas gerais e podemos encontrar comportamentos diferentes.

Mas nem tudo é tão belo quando tratamos da internet. Aproximadamente 25% dos brasileiros não têm acesso à internet (IBGE, 2020). Isso significa que de cada 4 brasileiros, 1 não tem acesso, ou a cada 100, 25 não sabem o que é acessar uma mídia digital. Esse fato, durante a pandemia de Covid-19, é constatado quando muitas pessoas não puderam participar, por exemplo, de aulas online ou trabalhar em sistema de *home office*.

A internet também se mostrou um espaço propício para construção de mentiras como as *fake news*. De certo modo, alguns usuários se sentiram confortáveis pelo anonimato que a internet oferece para espalhar notícias falsas e comentários enganosos. E quem regulariza a internet? Esse talvez seja o grande desafio do ciberespaço. Nossas leis têm como parâmetro as vivências e relações do mundo físico e não do mundo virtual. As leis referentes à internet ainda são novas e estão em construção.

A comunidade cristã sempre entendeu que era preciso preparar os cristãos para darem testemunho em todos os lugares e ambientes, inclusive na internet. Mas de certa forma entendíamos que o trabalho pastoral poderia acontecer na internet, mas essa era uma opção não tão urgente.

Nos últimos tempos a internet chegou com mais intensidade à pastoral. Em 2020 e 2021 tivemos a pandemia causada pelo Covid-19. Pensar a relação entre internet e pastoral se tornou urgente, pois atividades migraram para o ambiente virtual. Então percebemos que muitas das nossas atividades diárias poderiam ser realizadas com a ajuda da internet, mas também percebemos nossas carências e limitações. Para muitas paróquias, o período da pandemia foi um desafio. Foi preciso desenvolver uma nova estrutura para que as pessoas tivessem acesso à comunidade e às celebrações. Os membros das comunidades também não puderam se reunir, e dar continuidade aos trabalhos pastorais foi um desafio. Outras paróquias tiveram menos dificuldades para desenvolverem estratégias pastorais para que, apesar de todo o sofrimento que a pandemia causou, pudessem se fazer presentes na vida das pessoas.

E a catequese, como fica? A catequese há muito tempo traz a reflexão de que seus processos devem sempre estar inseridos no mundo no qual vivem os catequizandos. Caso contrário, ela se torna ultrapassada, pois se desvincula da realidade vivida pelos catequizandos. A interação entre a realidade do catequizando e os processos pastorais já são uma perspectiva assumida, por mais que também seja um desafio. E a pandemia que nos assolou, pegando-nos de surpresa, revelou quão urgente é nos inserirmos no mundo digital, utilizando das ferramentas disponíveis na internet para evangelizarmos.

As constantes mudanças nos chamam a repensarmos também a relação dos processos catequéticos com os meios digitais e com a internet. Dessa forma, além da boa vontade do catequista em preparar um encontro de catequese e se reunir semanalmente com seus catequizandos, é preciso um esforço maior de, na medida do possível, conhecer a realidade dos seus interlocutores, de se capacitar para entrar no mundo digital, realidade em que a grande maioria dos catequizandos passa boa parte do seu tempo. O mundo, em constante mudança, nos convida a pensar na educação da fé. Com o perfil das novas gerações, também nós, não podemos mais fazer catequese como há 10, 20, 30 anos. É preciso adequarmos à nossa maneira de educar e transmitir a fé, conscientes de que o conteúdo é o mesmo, mas a forma e a linguagem devem ser adequadas às novas realidades.

Deste modo, é urgente pensar numa catequese híbrida e/ou que utilize da internet e das ferramentas digitais disponíveis como agregadoras e aliadas de nossa missão pastoral. Sem dúvida, chegaremos de modo mais rápido e fácil até nossos catequizandos, falando sua linguagem e despertando mais sua atenção e interesse.

Este trabalho não quer ser um guia prático de como o catequista vai utilizar a internet ou outras mídias no encontro de catequese. Vez ou outra até daremos algumas dicas, mas essas coisas mudam tão rápido que um livro que falasse disso se tornaria ultrapassado antes mesmo de ser publicado. Trata-se de incentivar o catequista a uma ousada e arrojada mudança de mentalidade que tem base num ideal de catequese. O que acreditamos que seja a catequese? Se a catequese é a iniciação do catequizando no seguimento de Jesus Cristo, então é necessário também falarmos da vida concreta, pois é nela que o seguimento e o discipulado acontecem. É na realidade da vida cotidiana que estão as pessoas, tesouro mais importante da catequese. Se não há a quem evangelizar, a catequese perde seu sentido e utilidade. E quando falamos da infância e juventude de hoje, não dá para concebê-las sem levarmos em conta celular, internet e redes sociais. Agora somos chamados a nos revestirmos do espírito de ousadia daqueles que se dispõem a serem discípulos de Jesus Cristo para desvendarmos essa realidade tão desafiadora para a catequese de hoje.

Provavelmente você, caro leitor catequista, busca nestas páginas alguns caminhos para o seu trabalho catequético. Tentaremos ser práticos dando exemplos e trazendo as vivências catequéticas para a obra. Mas antes de chegarmos à prática pastoral é necessário entender como a internet funciona e a sua lógica. No primeiro capítulo trataremos do ser humano como um ser de comunicação. Precisamos nos comunicar e isso é da nossa natureza. Também Deus se comunica, nos criando, nos amando e nos salvando. Deus se comunica, é Palavra, se faz presente, e a sua presença leva à experiência eclesial. A Igreja, motivada pela Palavra, comunica a presença de Deus. Portanto, também a Igreja se comunica, comunicando a Palavra de Deus e evangelizando. Mas também em nossas relações humanas nós nos comunicamos. Entender a maneira como essas comunicações se transformaram é importante para entendermos como a internet transformou nosso cotidiano.

No segundo capítulo iremos adentrar no universo da internet. Nosso foco é o das vivências. Buscaremos entender como a vida está mudando e quais são as motivações trazidas pelas novas gerações. Será comum recorrermos a exemplos para ilustrar as vivências cibernéticas dos catequizandos. A junção entre o que é vivido no mundo físico, analógico, com o que é experimentado no mundo virtual é cada vez mais evidente. Assim, juntos vamos mapear essas mudanças, pois elas são importantes para identificarmos as influências que a internet exerce sobre as nossas vidas. A relação com a internet se torna importante por dois motivos: primeiro, por transformar nosso cotidiano e a catequese, por tratar da vida concreta, deve também tratar deste universo, mas a internet também modifica as práticas pedagógicas da catequese, sua linguagem e os métodos utilizados para que os catequizandos recebam e acolham a mensagem do Evangelho.

A relação entre os processos catequéticos e a internet é o tema do terceiro capítulo. A catequese é processo de iniciação cristã. Essa vida cristã, assumida como processo e celebrada nos sacramentos, é projeto de vida, modelo de conduta, assumido no cotidiano de nossa existência. Nesse processo precisamos sensibilizar os catequizandos para que eles conheçam a pessoa de Jesus e o sigam. Mas o catequizando atual tem um modo de aprender e de viver que é próprio de sua geração. Entender esses processos é importante para que o catequista tenha um trabalho eficiente. Se Jesus vivesse e ensinasse hoje, será que falaria as mesmas palavras, utilizaria os mesmos símbolos e metáforas? Talvez sim, talvez não. Mas provavelmente muita coisa seria diferente. A mensagem de Jesus seria a mesma. Falaria do reino, da mensagem de amor e do caminho até o Pai, mas o contexto seria outro e talvez Jesus utilizasse metáforas a partir de questões urbanas, cibernéticas e globais. Também você, catequista, pode identificar nas vivências cibernéticas de seus catequizandos, um espaço fértil pronto para receber sementes, ou, utilizando uma metáfora atual, uma HD novinha a ser desvendada e preenchida com vídeos, textos e fotografias cheias de amor e esperança.

Esta obra se destina a todos que trabalham com catequese, seja o padre que acompanha a catequese em sua paróquia, sejam os catequistas leigos e leigas que assumem com amor e vocação essa missão. As inspirações aqui trazidas buscam contemplar a vida cotidiana da turma de catequese, sobretudo com os catequizandos crianças, adolescentes e jovens, mas também com adultos e com as famílias. Também nos dirigimos àqueles que trabalham em equipes de coordenação seja paroquial ou diocesana, mas também aos assessores diocesanos; e, quando tratamos da relação entre a catequese e a internet, é importante que essas equipes pensem estratégias de trabalho com os catequistas, criando estruturas favoráveis ao trabalho catequético. As equipes de coordenação podem facilitar o trabalho de formação de catequistas, não somente sobre a temática da internet, mas utilizando a internet para facilitar a formação dos catequistas. O tempo de pandemia do Covid-19 fez com que as equipes de catequese se acostumassem com a formação remota, utilizando plataformas de videoconferência que permitem a interação entre os assessores e os catequistas.

Nós, autores, não somos técnicos de informática nem estudiosos do mundo cibernético. Somos pessoas que dedicam seu tempo e estudo à catequese, à teologia e à pastoral e que buscam caminhos para a melhor realização dos trabalhos catequéticos. Quanto ao mundo da internet, somos apenas curiosos, pessoas comuns, e o que queremos trazer neste livro é justamente a visão de pessoas comuns. No trabalho catequético o importante é encontrarmos caminhos para melhores experiências pastorais.

Um último recado. Não nos propomos a escrever um livro técnico sobre a internet, mas um livro pastoral. Nosso principal objetivo é despertar em você, catequista, o interesse por buscar estratégias para um trabalho que dialogue com o catequizando. E quando falamos da internet cabe aquela metáfora do navio que, grande e pesado, demora para mudar a direção; e o mais importante que a velocidade é estar na direção certa. Muitos catequistas podem se sentir incapazes de dialogar com as novas gerações. Estar no caminho certo, dialogando e buscando possibilidades, é tão importante quanto a quantidade de ferramentas ou aplicativos que utilizamos. Abrir-se ao diálogo com os catequizandos, aprendendo com eles sobre este ciberuniverso, é a primeira postura a ser assumida, sempre com muita calma e serenidade e vivendo intensamente cada experiência. Vale a máxima de Santo Inácio de Loyola que diz que não é o muito saber que satisfaz a alma, mas o viver e experimentar cada coisa.

1

A COMUNICAÇÃO E A VIDA HUMANA

O ser humano é um ser de comunicação. Não nos contentamos em ser, mas queremos comunicar aquilo que somos. Assim, quando temos um sentimento por alguém ou quando temos uma opinião sobre determinado assunto, sentimos a necessidade de nos expressar, de nos comunicar. Comunicamos sentimentos, impressões e ideias. Até mesmo a fofoca é uma forma de comunicação (claro que muito prejudicial). Antes de falarmos propriamente da realidade dos meios de comunicação e da internet e de como ela influencia os processos catequéticos, precisamos entender o porquê de o ser humano se comunicar e como a comunicação foi se transformando ao longo da história até chegarmos a todos os instrumentos que temos hoje. Não basta falarmos sobre como a internet influencia os processos catequéticos se antes não entendermos que, ao utilizar a internet, nos utilizamos de um meio para nos comunicar que influencia a vida humana como um todo, inclusive no modo como vivemos a religião e, dentro dela, os processos catequéticos.

1.1 O ser humano é comunicação

O que seria de qualquer pessoa se não tivesse com quem conversar? É impossível pensarmos em alguém que viva totalmente isolado. São as outras pessoas e a nossa comunicação com elas que faz com que a nossa vida se torne mais significativa. Basta observar um adolescente apaixonado ou um casal diante do nascimento de um filho. Nessas situações a vida se enche de alegria e de sentido. Por mais introspectivo e quieto que seja alguém, e por mais que pessoas com esse tipo de personalidade possam se sentir bem no seu modo de ser, isso não significa que alguém possa viver o total isolamento. Precisamos dos outros para nos completarmos como pessoa e de certa forma nos sentimos mais felizes quando conseguimos comunicar nossos afetos.

Mas a fala não é o único modo que utilizamos para nos comunicar. Nós nos comunicamos de várias maneiras e com diferentes linguagens, e a internet é um exemplo de que nem precisamos das palavras para nos expressar. Uma imagem compartilhada nas redes sociais pode transmitir tantas ideias quanto um discurso. Vamos rapidamente entender quais os tipos de comunicação e linguagens que utilizamos, seja dentro ou fora do ambiente cibernético.

A fala é uma das formas de comunicação, mas há quem se comunique sem utilizar a fala. O olhar da mãe que desaprova o comportamento do filho, o choro da criança que está com fome, o sino da igreja que é repicado antes da missa são formas de comunicação que não passam pela comunicação oral.

Os gestos e as atitudes também comunicam. Quando convivemos com uma pessoa que está emburrada, de "cara feia", logo percebemos seu desgosto ou irritação. E mesmo que a pessoa diga que está tudo bem, se a conhecemos, percebemos que não está. Há pessoas que se comunicam só pelo olhar ou por um simples gesto, o que realmente nos mostra que a comunicação não se limita às palavras.

Comunicação é troca de informação com o outro. Mesmo as pessoas que não falam ou não ouvem, se comunicam. Os deficientes auditivos aprendem **LIBRAS** (Língua Brasileira de Sinais), que é um desafio para a pastoral da Igreja que deve buscar inserir a todos no processo de evangelização.

> **Língua Brasileira de Sinais (LIBRAS):** A língua de sinais é uma forma de comunicação gestual utilizada, sobretudo, por deficientes auditivos, possibilitando uma melhor comunicação com seus familiares, mas também com a sociedade como um todo. Essa língua, assim como a língua falada, muda de acordo com o país ou região do mundo. No Brasil, a linguagem de sinais foi reconhecida como meio legal de comunicação em 2002.

De certa forma temos a necessidade de comunicar aos outros aquilo que pensamos e o que sentimos. Nossa comunicação ganha em qualidade quando expressamos nossas ideias e convicções. Mais que falar "qualquer coisa", quando nos comunicamos, conseguimos mostrar aos outros quem somos, o que pensamos e aquilo que sentimos. Da mesma forma, quando os outros se comunicam conosco – e há a troca de informações –, nossas relações se plenificam e isso nos realiza. Em contrapartida é muito ruim quando uma pessoa não consegue nos entender ou quando não conseguimos entender as pessoas que convivem conosco. Isso gera conflito, confusão e frustração e nos mostra que não somos criados para o isolamento, mas para o relacionamento.

Também na internet nos comunicamos. Um emoji em uma mensagem de celular ou em um comentário em uma reportagem pode expressar claramente uma ideia. Também podemos ficar apreensivos quando não recebemos o retorno de uma mensagem enviada a um familiar que está demorando para chegar em casa ou a um amigo ou amiga que se atrasou para um compromisso marcado. Podemos entender que a comunicação é imprescindível à vida humana.

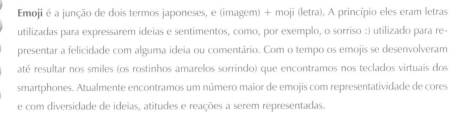

Emoji é a junção de dois termos japoneses, e (imagem) + moji (letra). A princípio eles eram letras utilizadas para expressarem ideias e sentimentos, como, por exemplo, o sorriso :) utilizado para representar a felicidade com alguma ideia ou comentário. Com o tempo os emojis se desenvolveram até resultar nos smiles (os rostinhos amarelos sorrindo) que encontramos nos teclados virtuais dos smartphones. Atualmente encontramos um número maior de emojis com representatividade de cores e com diversidade de ideias, atitudes e reações a serem representadas.

1.2 Deus também é comunicação

Deus se comunica com o seu povo e ao conjunto desta comunicação damos o nome de História da Salvação. Deus se basta a si mesmo, mas não quis viver assim. Seu amor era tanto que Ele quis ter alguém para comunicar esse amor. Amor egoísta não é amor, é vaidade e, não nos leva à realização. Nós, criados à imagem e semelhança de Deus (Gn 1,26), também somos assim. Quando amamos alguém, queremos comunicar esse sentimento. Mais que uma necessidade, essa é uma opção que nos completa, nos plenifica. Para comunicar esse seu amor, Deus cria a humanidade. A Bíblia nos conta dessa comunicação.

Você sabia que é possível ter a Bíblia em seu smartphone? Existem vários aplicativos que nos permitem ter todos os livros da Bíblia acessíveis em nosso aparelho. Alguns são gratuitos e outros não. Alguns têm Bíblias com traduções mais confiáveis. Outros nem tanto. Mas é sempre um bom modo de termos acesso fácil e rápido à Palavra de Deus.

Temos várias situações em que o povo faz a experiência de união com Deus. A própria criação foi comunicação (cf. Gn 1,1-2,4), assim como a narração do dilúvio (Gn 6-9), e a Páscoa da libertação da escravidão no Egito (Ex 13,17–15,19). Você também já percebeu que Deus se comunica com você? Ele se comunica com todos. Mais que um sentimentalismo, é importante perceber que a comunicação de Deus é proposta a uma opção de vida, é convite a uma atitude de fé. Nem sempre a comunicação de Deus nos afaga. Às vezes Deus se comunica para nos alertar ou nos dar "um puxão de orelhas", nos exortando em relação aos caminhos e às escolhas que temos feito.

A presença comunicativa de Deus pode ser percebida através de alguma pessoa, mas também de um gesto, de um fenômeno da natureza ou, da mais plena manifestação, que é a Palavra de Deus. Toda a criação é manifestação e comunicação da presença de Deus. Se você deseja perceber a comunicação de Deus, faça o exercício de leitura dos textos bíblicos: começando pela Liturgia da Palavra, nas homilias ou mesmo nos círculos bíblicos e na *Lectio Divina* da Bíblia. É na Sagrada Escritura que, por excelência, Deus nos fala. Mas é preciso reconhecer essa comunicação de Deus na nossa vida concreta. Quando percebemos isso e deixamos que Deus transforme nossa vida, tomamos consciência de que fazemos parte da história da salvação. O grupo de pessoas que se reúne em nome de Deus suscita em seu meio a presença divina. Hoje, Deus se comunica conosco, de modo especial, através da vida em comunidade, ou seja, através da presença e participação do outro em nossa vida.

É comum encontrarmos aplicativos e sites que tragam os textos bíblicos da Liturgia da Palavra de cada dia ou de cada domingo. Também é comum que esses sites e aplicativos tragam breves comentários sobre as leituras, o que facilita nosso entendimento dos textos e, por consequência, facilita nossa oração.

Deus se revela

A Revelação acontece no encontro entre Deus e o ser humano. Deus quer se tornar conhecido para demonstrar seu amor pela criação. O diálogo entre Deus e o ser humano culmina em um compromisso que chamamos de Aliança. A maior Aliança – e a plena Revelação de Deus – acontece na pessoa de Jesus (cf. Jo 1,3). À ação de Deus na história da humanidade chamamos de história da salvação.

Para entender mais sobre Revelação e História da Salvação sugerimos a leitura da *Dei Verbum*, Constituição Dogmática do Concílio Vaticano II. A *Dei Verbum* trata da importância da Tradição e das Escrituras na comunicação do Evangelho de Jesus, a plenitude da revelação.

Por um novo jeito de fazer catequese

A COMUNICAÇÃO POR SÍMBOLOS E GESTOS

Deus se comunica. A Trindade faz uso de diferentes símbolos e gestos como forma de se comunicar com a criação. Cada gesto, cada símbolo mencionado nas Escrituras transmite a imagem de um Deus afetuoso que se aproxima da criação tocando-a e envolvendo-a. O Pai cria o mundo pensando cada elemento e, ao final, vê que tudo é muito bom (Gn 1,4.10.18.21.25.31). Deus também deixa o ser humano para ser sinal de afeto e cuidado. A missão humana no mundo é dar continuidade à criação de Deus. Posteriormente, as Escrituras trazem o episódio em que Deus "recria" o mundo com o dilúvio (Gn 7–8), renovando-o com as águas.

A ação de Jesus é profundamente simbólica e gestual. Ele se aproxima das pessoas tocando-as, manifestando carinho e atenção e comunicando o afeto trinitário. Jesus toca no leproso (Mt 8,1-4), rompendo a proibição existente em sua época, e passando lama nos olhos do cego, curou-o com a saliva (Jo 9,6).

A ação simbólica de Jesus tem também um aspecto ritual. Isso porque ele transforma seus gestos em um momento célebre, importante, que possibilita o contato entre Deus e a pessoa. Pelo gesto ritual não é apenas Deus que vem ao ser humano, mas o ser humano também pode se aproximar de Deus. Ao partilhar o pão Jesus eleva os olhos aos céus e pronuncia a bênção (Mt 15,19). Ao deixar-se ser tocado, seja pela mulher que sofria de hemorragia há 12 anos (Mc 5,28-29) e pela pecadora que lhe unge os pés enxugando-os com seus cabelos (Lc 7,37-38). O rito é a comunicação em que o ser humano toma a iniciativa de dirigir-se a Deus, criando um ambiente no qual pode também escutá-lo. Pelos ritos Deus se torna acessível, assim como Jesus o foi.

O Espírito é fogo que aquece (At 2,3) e é vento que sopra colocando os discípulos em movimento (Jo 20,22). O Espírito é Deus em nós, é o Deus que nos coloca em ação, nos tira da inércia. O Espírito é ruah, termo relacionado ao movimento da vida, ao sopro ou o hálito que dá a vida (Gn 2,7).

Assumindo a comunicação simbólica própria da Trindade, a catequese se comunica não somente com palavras e teorias, mas também com gestos e símbolos, possibilitando momentos de vivência, no qual o catequizando consegue perceber o impacto da ação de Deus na vida dos personagens bíblicos, mas também consegue perceber a ação trinitária em sua própria existência. Explorar os momentos simbólicos, gestuais e rituais possibilita uma catequese mais vivencial. Possibilitar aos catequizandos sentir cheiros, sabores, ouvir sons, visualizar novos movimentos, cores e silhuetas e sentir o toque agradável, tudo isso pode gerar uma experiência sensorial agradável que leva a um entendimento e a uma vivência mais próxima da Trindade.

1.3 Pela Palavra de Deus se propaga uma mensagem

A Bíblia utiliza muitas vezes uma linguagem figurada ou alegórica para comunicar uma ideia, um pensamento, um ensinamento, uma verdade: Deus é o autor de tudo o que existe, e ao longo da história se comunicou e revelou a humanidade, e no tempo oportuno enviou seu Filho único para dar a vida por cada um de nós (PARO, 2017, p. 12-20). A Bíblia não é um livro de descrições científicas sobre os diversos acontecimentos, nem é um livro que busca simplesmente descrever fatos. A Bíblia não é um livro de ciência. Também não é um livro de história, de modo que não se pode levar tudo ao pé da letra, ou seja, interpretá-la de maneira literal.

Os diversos autores sagrados nos comunicam as verdades fundamentais da fé, a experiência do relacionamento de Deus com o seu povo e pessoas em suas diversas épocas. Deste modo, o Antigo Testamento narra as várias formas de Deus de comunicar e se encontrar com a humanidade para salvá-la, e do testemunho dos profetas que exortavam os homens e mulheres à conversão, e profetizavam a vinda do Messias. O Novo Testamento, por sua vez, revela o cumprimento da promessa, narrando o nascimento do Salvador, sua vida pública e ensinamentos, sua morte e ressurreição, e o mandato de ir e anunciar a todo povo a Palavra da Vida (cf. Mt 28,19). Ainda, nos comunica toda a missão dos discípulos que, cumprindo fielmente a missão deixada por Cristo, edificaram a Igreja, corpo do Senhor. Desta maneira, o Novo Testamento torna-se chave de leitura para toda a comunicação de Deus acerca da nova e eterna Aliança (ARNOSO; PARO, 2021, p. 20).

Sendo assim, é preciso sempre perguntar a mensagem que o autor quer comunicar ao escrever cada capítulo e versículo, pois cada texto revela a experiência de fé de uma comunidade orante e temente ao Senhor. Assim, é preciso entrar em sintonia com o texto, ou seja, reconhecer-se dentro dele, identificando-se com algum dos personagens ou situações descritas pela narrativa.

A Palavra de Deus, sem dúvida, é a primeira fonte que nós cristãos temos para conhecer a Deus e dele nos aproximarmos. É a maneira por excelência que Deus utiliza para se comunicar com seu povo. Por isso, ler e meditar os textos bíblicos nos faz ser Igreja, nos faz fiéis ao que Jesus viveu e nos ensinou, constituindo-nos verdadeiramente seus discípulos missionários.

1.4 Comunicar a experiência de Deus

Já rezava o salmista: "O que ouvimos, o que aprendemos, o que nossos pais nos contaram, não ocultaremos de nossos filhos; mas vamos contar à geração seguinte as glórias do Senhor, o seu poder e as obras grandiosas que Ele realizou". (Sl 78,3-4)

Desde os tempos mais antigos, muitas pessoas puderam perceber a participação de Deus nos acontecimentos de suas vidas. Popularmente dizemos que eles tiveram uma experiência de Deus. Algumas dessas experiências foram tão profundas que passaram a ser contadas de geração em geração. Quem tem histórias de famílias sabe como elas funcionam. Geralmente as pessoas mais velhas se sentam e, ao redor delas várias outras para ouvir, fascinadas, aquilo que aconteceu com seus antepassados. Quando crescemos, repetimos essas histórias. Mas já não é a mesma coisa. Damos nosso "toque". E não mudamos as narrativas por desonestidade, mas porque fazemos nossas próprias leituras dos acontecimentos do passado, enfatizando aquelas características que são mais valiosas para nós. Aquelas histórias despertam em nós sentimentos e experiências que são autênticas. Não dá para apenas repetir as histórias mecanicamente. Elas nos transformaram naquilo que somos e por isso transformamos também nosso modo de contá-las.

Experiência de Deus como espiritualidade

No ambiente religioso muito falamos sobre ter uma experiência de Deus. Mas o que seria isso? Geralmente utilizamos este termo quando queremos nos referir à espiritualidade. O cristão é chamado a viver e a cultivar a sua espiritualidade buscando vivenciar no seu cotidiano os ensinamentos que encontra nas Escrituras.

Às vezes achamos que espiritualidade é oração. Não é bem assim. Oração e espiritualidade não são contrapostas nem opostas, apenas distintas. Podemos ficar o dia todo na igreja, participarmos de várias missas e não sermos pessoas de espiritualidade. Isso porque a oração é uma parte da espiritualidade. Nela percebemos a vontade de Deus para a nossa vida. A outra parte é a vivência daquilo que rezamos. A oração nos leva a transformarmos nossa vida. Podemos falar então que espiritualidade é a abertura que damos a Deus para que Ele faça parte da nossa vida. Quando conseguimos passar por esse processo, temos uma experiência de Deus. Podemos perceber, então, que oração e espiritualidade se complementam.

O cristão cultiva a sua espiritualidade à medida que permite a ação e a presença de Deus em sua vida, em seu modo de ser e em suas atitudes. A oração é o caminho privilegiado para que a presença de Deus se concretize. Uma oração frutuosa possibilita um ser humano mais integrado com Deus e, consequentemente, que cultiva a sua espiritualidade.

Com as histórias bíblicas não foi diferente. Aquilo que foi contado pelos antepassados era tão importante que precisava ser recontado. Talvez a experiência mais marcante que pode servir de exemplo seja a experiência do Êxodo, da libertação da escravidão do Egito até chegar à Terra prometida. Sair do Egito se tornou tão importante e transformou a vida daquele povo de uma tal maneira que eles começaram a contar de geração em geração aquilo que havia acontecido. As histórias fascinavam aquelas novas gerações que percebiam que suas vidas também haviam sido transformadas por aquele acontecimento passado. Chega um momento em que apenas contar não basta. É preciso celebrar. Os hebreus passaram, então, a celebrar a cada ano a festa da Páscoa. Com o decorrer do tempo a comunidade sentiu a necessidade de registrar essas experiências para que elas não se perdessem nem se deformassem. Surgiram alguns escritos. Eles passaram a ser lidos quando a comunidade se reunia. E, depois de algum tempo, se transformaram no que hoje conhecemos como o Livro do Êxodo (também o Deuteronômio conta essa experiência numa outra perspectiva). Todo esse processo levou séculos para acontecer. A Bíblia não foi escrita de uma única vez nem "caiu pronta do céu".

Seja no ambiente religioso ou na sociedade em geral, a comunicação é uma das características mais básicas do ser humano. Necessitamos tanto contar aos outros nossas experiências e ideias que, muitos que fizeram sua experiência de Deus, acreditam que devem auxiliar a outros para que também façam seu encontro pessoal com o Senhor. Hoje, quando lemos a Bíblia, podemos ter a mesma experiência de Deus, que há muitos anos, participou da vida daquele povo e hoje participa também de nossa vida. Afinal, não é isso que os catequistas fazem, auxiliando os catequizandos para que façam sua experiência de Jesus Cristo?

COMUNICAR A EXPERIÊNCIA DE DEUS

Por um novo jeito de fazer catequese

A Igreja existe para comunicar a experiência vivenciada com Jesus (DC, n. 11). Também a catequese tem o objetivo de transmitir os ensinamentos do Evangelho, mas não o resumindo a um conjunto de entendimentos teóricos. A catequese é transmissão de uma experiência vivida durante a história do cristianismo pela comunidade cristã, mas também pelo próprio catequista que está inserido nesta comunidade.

Desde o início do cristianismo a iniciação cristã foi entendida como um processo vivencial. O autor da Primeira Carta de João já dizia:

> O que era desde o princípio, o que ouvimos, o que vimos com os nossos olhos, o que contemplamos e o que as nossas mãos apalparam a respeito da Palavra da vida – porque a vida se manifestou; e nós vimos, testemunhamos e vos anunciamos a vida eterna que estava com o Pai e nos foi manifestada –, o que vimos e ouvimos, nós também vos anunciamos, a fim de que também vós vivais em comunhão conosco (1Jo 1,1-3).

O catequista é aquele que ouviu a mensagem do Evangelho e, aderindo a este modo de vida cristã, busca comunicar a mensagem, mas também a experiência vivida. Se não há experiência a se comunicar ou se não se ocupa da comunicação de uma experiência, a catequese se resume a um conjunto de teorias que podem ser assimiladas sem serem vivenciadas. Possibilitar momentos de vivência e comunicação de experiências ajuda o catequizando a entender que o cristianismo é algo prático e vivencial: uma experiência!

1.5 A Igreja comunica a Palavra

A comunicação é sempre relação. É relação de Deus que se comunica com a criação, é relação dos ser humano que se comunica com Deus, é relação entre pessoas. A Igreja comunica a Palavra e esta afirmação não pode ser limitada ao que é proclamado nas celebrações. A Igreja comunica a vivência da Palavra que acontece no âmbito eclesial. Palavra e comunidade cristã são realidades inseparáveis. Isso porque a comunidade que não se reúne ao redor da Palavra e não a escuta e pratica, perde seu contato com Jesus e com o seu projeto. E por outro lado, a comunidade existe para proclamar a Palavra de Deus e para testemunhá-la.

O Papa Francisco, ao elencar os desafios da vivência eclesial no mundo atual, aponta para duas tentações: o gnosticismo e o neopelagianismo (*EG*, n. 94). O mundo atual é marcado pela subjetividade, ou seja, o sujeito considera suas motivações, suas circunstâncias, sua história. Mas quando esta perspectiva subjetiva perde a capacidade de dialogar com o contexto que rodeia o indivíduo, ela se torna subjetivismo. Na vivência da fé, criamos pessoas presas às suas próprias ideias e sentimentos, como que, por serem "iniciadas", fossem melhores do que as outras. Outra consequência do subjetivismo é a ideia de que a salvação venha pelos méritos e forças do próprio sujeito. No fundo, esse sujeito parece confiar somente em suas próprias forças, criando vivências narcisistas e autoritárias (*EG*, n. 94).

Nas relações de comunicação, seja pela internet, seja pessoalmente, quando perdemos de vista a relação e nos centramos em nós mesmos, podemos nos tornar pequenos *pop-stars* que buscam o reconhecimento de cada *like*.

Para compreender melhor

Pelagianismo: é um conceito teológico que se refere a uma heresia iniciada por um monge oriundo da Bretanha chamado de Pelágio, que negava o pecado original, a corrupção da natureza humana e a necessidade da graça divina para se salvar. Pelágio dizia que não era necessário o auxílio da graça de Deus para que o homem realizasse atos de virtude. Que bastaria o homem seguir o exemplo de Cristo. Ou seja, segundo o que defendia os pelagianos, todo homem é totalmente responsável pela sua própria salvação e, portanto, não necessita da graça divina. Todo homem nasce moralmente neutro, por si mesmo sendo capaz, sem qualquer auxílio divino, de se salvar. O pelagianismo foi condenado como heresia no XV Sínodo de Cartago, que teve seu início em 1 de maio do ano de 418.

Gnosticismo: constitui diversas correntes de pensamentos religiosos e filosóficos que foram condenados como heresias pelas Igrejas após um período de certo prestígio entre alguns intelectuais cristãos. Alguns destes pensamentos surgem antes de Cristo, e acabaram se infiltrando na teologia da Igreja gerando uma série de erros doutrinais. Algumas correntes já eram severamente combatidas pelos apóstolos em suas cartas e por grandes santos como Santo Irineu (130-200). As diversas correntes gnósticas acreditam que há dois deuses; um deus bom e outro mau; e o universo material (mundo) teria sido criado pelo deus mau, uma espécie de deus imperfeito, chamado de demiurgo, para prender a centelha divina (espírito) no corpo humano. Essa centelha divina poderia, então, ser liberta através da gnose: que seria o conhecimento (gnose, em grego) secreto (intuitivo) sobre o espírito e a natureza da realidade. Deste modo, os gnósticos não acreditam na salvação por meio de Jesus Cristo, não acreditam no pecado, nem nos anjos e nos demônios e nem no pecado original.

1.6 A comunicação da fé no início do cristianismo

Desde o início do cristianismo, foi característica das comunidades anunciar Jesus Cristo e a sua Boa-nova (também chamada de Evangelho, a Boa Notícia). A esse processo de comunicação da Boa Notícia, que é Jesus, deram o nome de evangelização. Era preciso comunicar tudo aquilo de bom que Jesus havia feito e ensinado. Era preciso comunicar o próprio Jesus e dar a oportunidade para que as pessoas o conhecessem.

As comunidades se inspiraram em Jesus que sempre comunicou o Pai e o Reino. As comunidades entenderam que era preciso comunicar a pessoa de Jesus, que era a maior revelação do Pai e a concretização do Reino, afinal, foi Jesus que curou, partilhou o pão e anunciou o Pai. Jesus e sua vida passaram a ser sinônimos do Reino de Deus.

Não demorou muito e algumas pessoas começaram a escrever aquilo que Jesus tinha feito, falado e ensinado. Vamos aqui dar o exemplo do Evangelho de Marcos. Havia se passado algum tempo desde a vida histórica de Jesus. Talvez uns 20 ou 30 anos. Muitos que queriam fazer parte das comunidades não haviam conhecido Jesus. Muitos que haviam vivido com o Mestre já estavam no final de suas vidas ou haviam morrido. Marcos escreveu a vida de Jesus para que as pessoas pudessem conhecê-lo. Era preciso saber quem seguiriam ao entrar na vida comunitária. Podemos dizer que Marcos foi um dos primeiros manuais de catequese de nossa Igreja. Ele usa um instrumento de seu tempo – a escrita – para comunicar a vida de Jesus.

Um testemunho literário da transmissão da fé dos apóstolos é encontrado ainda no texto chamado de *Didaqué*, tido como o catecismo dos primeiros cristãos (primeira ou segunda geração pós-apostólica). Um testemunho precioso da transmissão da fé e do início da sistematização do conteúdo doutrinal das primeiras comunidades (*Didaqué*, 2019).

Passadas algumas gerações, os cristãos sentiam a necessidade de explicar a fé, de formular melhor suas crenças. Essa foi a chamada época patrística ou dos Santos Padres (séculos I - VI). Nessa época muita coisa foi pensada e escrita. São dessa época vários ensinamentos fundamentais para a nossa fé. Grandes figuras como Agostinho de Hipona escreveram muita coisa que ensinamos até hoje em nossas comunidades. Os Santos Padres foram grandes catequistas para as suas épocas, pois eles queriam que as pessoas entendessem melhor aquilo que acreditavam e a professavam.

A fé e a crença

Talvez aqui seja interessante entender a diferença entre fé e crença. Isso porque nos acostumamos com estes termos sem, contudo, recorrermos ao seu sentido. É importante deixarmos claro que não se trata de termos opostos, mas distintos.

Podemos entender a fé como adesão e fidelidade ao projeto de Deus que se revela a nós. Como criaturas sentimos o desejo de nos aproximar de Deus, de entendê-lo e vivenciá-lo. Tal experiência nos leva a querer permanecer junto dele e, consequentemente, somos impelidos a assumir um modo de vida, pensamento e atitudes que sejam coerentes com essa experiência amorosa com Deus. Assim podemos entender que a fé cristã é, primeiramente, adesão sincera a Deus e uma livre-decisão de caminhar junto dele (DC, n. 17).

A fé em Jesus não significa apenas que Ele é o objeto da nossa fé. Cremos que é verdade o que Jesus nos diz, aceitamos sua Palavra e o acolhemos pessoalmente em nossa vida (DC, n. 18). Assim, a fé é mais do que acreditar em conteúdos bíblicos e teológicos, sendo a acolhida daquilo que acreditamos em nossa vida. Mas a fé é também um dom de Deus e uma virtude dada por Ele. Ela é entendida como dom porque é Deus que nos guia nesta resposta, movendo nosso coração até Ele (DC, n. 19).

Quando nos aproximamos mais de Deus queremos entendê-lo melhor. Isso fez com que a Igreja nos desse a doutrina, que é o conjunto de ensinamentos formulados a partir da fé. Podemos entender então que a fé é fruto da experiência de Deus e a crença é o entendimento intelectual dessa experiência, ou seja, a doutrina na qual acreditamos.

Por um novo jeito de fazer catequese

É NA IGREJA QUE APRENDEMOS A SER CATEQUISTA!

A cada ano as comunidades, paróquias e dioceses pensam as semanas de formação de catequistas. Também as escolas de formação de catequistas são organizadas por várias dioceses e todas essas são iniciativas valiosas e que devem ser multiplicadas. Lá, o catequista é preparado para o cotidiano com os catequizandos, seja no conhecimento teológico ou assimilando elementos didáticos e pedagógico-catequéticos.

Mas há algo que aprendemos somente na vivência. O catequista é, antes de tudo, um cristão que busca alimentar sua vida cristã na comunidade na qual está inserido. É vivendo junto à comunidade que o catequista aprende a ser catequista, pois é junto à comunidade que ele aprende o que é ser cristão.

Ao inserir-se na comunidade cristã – grupo dos seguidores de Jesus – o cristão se coloca a caminho. Ao assumir sua missão como catequista, ele se propõe a comunicar esse modo de vida ao qual também ele aderiu, comunicando que também o catequizando pode se tornar parte da comunidade dos seguidores de Jesus.

Nesse processo, as experiências contam muito. Partilhar experiências concretas de pessoas que buscam viver o ideal cristão, seja hoje, seja na história do cristianismo, possibilita um entendimento da prática cristã. Ao olhar para a vida dos santos, dos apóstolos ou daqueles que buscaram abraçar a fé, o catequizando pode perceber que o cristianismo é uma proposta de vida viável e sedutora.

1.7 A comunicação pela arte

Dentre as várias linguagens que possui a humanidade, sem dúvida, uma só é universal e unificada: a imagem. Bem antes da comunicação feita através da escrita, por exemplo, a pintura rupestre, foi um dos meios utilizados pelos homens pré-históricos como transmissão de informações. Gravada em abrigos, cavernas e em paredes rochosas ao ar livre, essa comunicação era por meio de uma arte.

Os cristãos, também, ao longo da história valeram-se deste meio para comunicar a fé em Jesus Cristo. Já nos primeiros séculos, é possível encontrar nas catacumbas pinturas, imagens, desenhos que retratavam a fé dos cristãos.

A imagem com sua forma, cores e técnicas (pintura mural, vitrais, esculturas, mosaicos...) foram e são utilizadas para comunicar, representar, ensinar, conduzir e evangelizar os homens e as mulheres, utilizando das cores e formas como meio de atração. Deste modo, ao longo dos séculos, a arte serviu para evangelizar, para comunicar o mistério da paixão, morte e ressurreição do Senhor. A arte absorveu os diversos estilos e técnicas, e, hoje, pode ser dividida em litúrgica (sacra) e religiosa.

A arte litúrgica, destinada aos lugares celebrativos, que brota da liturgia e ajuda os fiéis a mergulhar no mistério celebrado. Esta não serve a gosto pessoal, tem fundamento e inspiração na Palavra proclamada, nas ações simbólico-rituais e na assembleia celebrante, constituindo um programa iconográfico que "prepara, descreve e prolonga, por meio de formas e cores, o mistério celebrado. Paredes, pinturas, pisos, imagens [...] tudo é extensão do que ali se celebra" (ESTUDO 106 CNBB, 2013, p. 43). A arte religiosa, por sua vez, está ligada mais ao subjetivismo, de cunho devocional. Reflete a vida religiosa do artista, de correntes e movimentos. É a arte que alimenta a piedade popular, que comunica a fé pessoal ou familiar, presente nas residências e espaços cristãos. Que serve muitas vezes à liturgia, mas não a constitui, como é o caso, por exemplo, do presépio e da via-sacra.

Ambas, estão a serviço da evangelização e podem e devem ser utilizadas para comunicar o mistério da nossa fé, para catequizar e manifestar o que cremos. Na evolução dos meios digitais, sem dúvida, serão grandes aliadas na transmissão da fé.

Por um novo jeito de fazer catequese

A CATEQUESE DO BELO

Aquilo que visualizamos se comunica conosco. Quando vemos aquele belo prato de comida ou o bolo com a cobertura de chocolate escorrendo, nosso apetite é despertado. Quando vemos a bela paisagem, temos boas sensações. Também quando vemos algo horripilante, podemos nos sentir assustados, e uma imagem de uma criança passando frio na rua, transmitida em um site, pode nos causar comoção. As imagens transmitem tantas ideias, sensações e informações quanto as palavras.

Há experiências que nos causam admiração e, neste caso, podemos dizer que elas nos colocam em contato com o Belo. De forma geral, podemos dizer que o Belo é critério responsável por fazer que vejamos beleza nas obras de arte, na natureza ou nas pessoas. Somos capazes de entrar em um templo e dizer que ele é bonito por termos o Belo como critério. A definição de Belo é um assunto próprio da filosofia e, vários autores, ao longo da história, se ocuparam dele com diferentes entendimentos e conceitos.

Para nós, catequistas, o importante é entendermos que a estética e a beleza também podem levar a uma experiência. Ao tratar da crucificação de Jesus, você pode levar sua turma de catequizandos até a igreja. Geralmente lá sempre há um crucifixo. Quais as sensações que ele desperta? É importante respeitar a idade dos catequizandos e o entendimento que eles têm da própria morte. Mas geralmente nos surpreendemos quando descobrimos que, na verdade, Jesus foi assassinado, e os crucifixos nos ajudam nesse processo.

Nas cidades onde há igrejas mais antigas, olhar as pinturas e vitrais pode ser uma forma de perceber ensinamentos de Jesus. É comum que as igrejas retratem passagens da Bíblia e muitas vezes não nos damos conta dos detalhes que são elaborados pelos artistas.

1.8 Uma grande mudança

Uma das mais revolucionárias criações da humanidade foi a imprensa. Gutenberg (1400-1468) – o criador da máquina de imprensa – impactou estruturalmente o modo de se comunicar do ser humano. Com a imprensa, os livros podiam ser multiplicados com maior velocidade, visto que antes era necessário o trabalho de monges copistas. Mas a mudança não foi apenas essa. A velocidade das publicações mudou também o modo de o ser humano construir o pensamento. Informações se tornavam mais acessíveis e as pessoas tinham mais elementos e instrumentos à mão.

A imprensa tornou os livros mais acessíveis. O primeiro livro a ser multiplicado foi a Bíblia. Mesmo com receio por parte da Igreja Católica, as Escrituras se popularizaram até chegar na mão do povo. Mas nem tudo foi tão belo. Primeiro, porque muitos continuavam sem saber ler e a maioria da população era analfabeta. Não adiantava ter a Bíblia na mão se as pessoas não tivessem capacidade de utilizá-la. E mesmo se soubessem, a Igreja não era favorável a que leigos tivessem Bíblia na mão. Ela era algo reservado ao clero. E, mesmo assim, boa parte do clero não tinha vasta cultura.

É demorado o processo de popularização do acesso à Bíblia. Os fiéis tinham acesso às histórias bíblicas contadas pelos padres nas pregações e nas representações artísticas (encenações, teatros, pinturas, quadros). No Brasil é muito conhecida a tradição das pregações da Semana Santa. Os padres faziam discursos com um tom teatral que prendia a atenção dos fiéis. Muitas dessas histórias, aliadas ao uso de imagens, eram gravadas na memória daquelas pessoas que, não tendo a Bíblia em casa ou não sabendo ler, reproduziam os discursos proclamados pelos padres.

Enfim, já no século XX, a Bíblia chega nas mãos do povo. Para nós que temos acesso à Bíblia, essa mudança parece algo comum e natural. Mas deve ter sido um processo um tanto quanto complicado. Havia uma preocupação por parte da Igreja, e muitos acreditavam que o povo não sabia entender aquilo que estava escrito. Esse receio era muito comum. Afinal, toda grande mudança gera grandes inseguranças. Mas hoje estamos nós aqui, com nossas Bíblias nas mãos e, mesmo que muitas vezes não entendamos tudo o que ela traz em suas páginas, temos como um valor inestimável o acesso que cada um dos nossos catequizandos tem às Sagradas Escrituras .

Hoje a Igreja incentiva a leitura bíblica como também o estudo bíblico por parte dos fiéis. São muitos os leigos que estudam teologia, seja nos institutos e faculdades, seja nas escolas de teologia para leigos e nas escolas de catequese. O Concílio Vaticano II foi um dos acontecimentos de grande incentivo do acesso à Bíblia. Houve uma mudança de pensamento e o Concílio fez um resgate da vocação de batizados, colocando-os também como protagonistas nas comunidades eclesiais. Todos fazem parte do Povo de Deus. O cristão leigo é chamado a uma participação mais ativa na comunidade em que vive. No âmbito da leitura bíblica, o desafio é que se entenda melhor as Escrituras para que tenhamos mais condições de interpretações mais acertadas e uma leitura de mais qualidade.

1.9 A comunicação no mundo global

Vivemos em um mundo global. As experiências culturais viajam mundo afora e mesmo sem sairmos de casa podemos ter contato com diferentes produções culturais. Somos mais influenciados pelos processos globais e nos parágrafos a seguir traremos algumas das características do mundo globalizado.

1.9.1 Globalização e mundo midiático

A maneira como nos comunicamos mudou substancialmente nas últimas décadas. O tempo e o espaço parecem ter ganhado outra velocidade e proporção. Se antes enviávamos uma carta escrita e esperávamos alguns dias ou semanas para que ela chegasse ao seu destino, hoje enviamos uma mensagem pelo **smartphone** que chega a seu destino em menos de um segundo. Com essa agilidade, ganhamos a possibilidade de nos comunicar com o mundo e a velocidade da internet foi a ferramenta responsável por possibilitar essa nova configuração global. Entender esse processo é importante para compreendermos como nos comunicamos hoje e, consequentemente, como esse novo contexto influencia os processos catequéticos.

> **Smartphones** são os aparelhos que costumamos chamar de celular. Eles têm como característica combinar a praticidade e mobilidade do celular com a tecnologia dos computadores. Fazendo uso de aplicativos, que são programas construídos para otimizar o uso da internet, tornam as informações, compras e serviços mais acessíveis ao usuário.

Os processos globais mudaram não somente os modos de organização e de comércio, mas a maneira como as pessoas se comunicam. A gênese e o desenvolvimento da internet estão diretamente relacionados aos processos globais que, por sua vez, midiatizaram a comunicação. Primeiro, os jornais impressos mudaram a vida das pessoas e da sociedade. Depois, vieram as revistas e impressões coloridas. A TV mudou a maneira como víamos o mundo, trazendo movimento à informação. Quando ela se tornou colorida, na década de 1970, parecia que o paraíso começava a entrar na casa das pessoas. Era possível identificar as cores dos uniformes dos times de futebol e das roupas dos personagens das telenovelas. Os desenhos animados desenvolveram seus traços e ficaram mais atrativos. Quando surgiram as TVs de plasma mais finas, e que poderiam ser penduradas na parede, a maioria das casas parecia se transformar em uma pequena sala de cinema.

Seria o auge da tecnologia de informação? Parecia que sim. Mas surge então a internet e coloca o mundo "na palma da mão". E isso não é apenas uma metáfora, mas uma realidade. Realmente, em nossos pequenos smartphones – que no cotidiano chamamos de celular –, podemos acessar conteúdos postados em várias partes do mundo. A internet fez com que cada indivíduo se sentisse parte da globalização.

> **Globalização** é um fenômeno mundial dos nossos tempos em que se intensificam o intercâmbio cultural, social, político e econômico entre os povos e países. Uma de suas principais características é a hegemonização da cultura criando uma cultura-mundo ou uma cultura-global. A industrialização, intensificada no século XX, colaborou para a consolidação da globalização em seu aspecto econômico.

A mídia ganha um importante papel nos processos globais. Podemos entender a mídia como um processo histórico de comunicação humana que se intensificou nos últimos tempos com o processo de industrialização (SBARDELOTTO, 2017, p. 68). Os seres humanos, há milênios, utilizam meios para se comunicar. Seja a ilustração em uma caverna, seja um bilhete de papel, seja a tela de um computador, todos esses são meios. O que a globalização possibilitou foi a industrialização desses meios. O meio de comunicação se tornou mídia (SBARDELOTTO, 2017, p. 72).

O que são as mídias?

O ser humano se comunica através de meios. Utilizamos a fala, os gestos, a fisionomia. Somos comunicação. Mas no decorrer da história passamos a nos comunicar através de instrumentos físicos como o papel, a escrita ou uma linguagem mais elaborada como o idioma. Com a imprensa e depois a indústria, o meio de comunicação se massificou. Passamos a ter, por exemplo, o jornal impresso e a TV. Esses são chamados de meios de comunicação de massa ou ainda de *massmedia*.

> Em linhas gerais, podemos entender a mídia como a relação entre a tecnologia, as ações comunicacionais e as práticas socioculturais. A mídia é então um sistema complexo de informação que se forma a partir da interação entre a comunicação, as tecnologias e os processos socioculturais (SBARDELOTTO, 2017, p. 72). Então quando falamos de mídia não nos remetemos apenas às plataformas digitais ou mesmo ao sistema de rádio ou TV. Falamos de interações sociais, culturais e econômicas.

Com seu papel central nos processos globais, a mídia tem como estratégia a transformação de mercadorias em marcas. Isso porque a marca tem um poder imagético (da imagem), um poder simbólico, que leva ao consumidor não apenas um produto, mas uma marca e, por consequência, um estilo de vida. Quem nunca comprou um Bombril®, mesmo quando compra uma esponja de aço de outra marca? Você "xeroca" ou fotocopia textos? Hoje "googlamos" para encontrar alguma informação. Não compramos apenas mercadorias. Consumimos marcas que se tornam sinônimos dos serviços prestados e dos produtos vendidos.

Houve um tempo em que a catequese paroquial buscava construir uma videoteca, que era um acervo de fitas VHS com filmes e desenhos animados que retratavam passagens bíblicas. Hoje muitos desses vídeos de encontram no YouTube ou em outras plataformas ou sites.

A mercadoria é transformada em marca para estrategicamente ganhar poder midiático e, consequentemente, poder de mercado (LIPOVETSKY & SERROY, 2011, p. 94). Num mundo midiatizado, a estratégia de fortalecer as marcas passa a ser um modo de estabelecer relações de fidelidade com o consumidor.

O filósofo francês Gilles Lipovetsky, um dos pensadores que mais tratam da questão da pós-modernidade, entende que a relação das sociedades com o consumo vai se transformando ao longo da história. Entre os anos de 1880 até o término da Segunda Guerra Mundial, em 1945, a sociedade deixou de consumir a produção dos pequenos mercados locais para consumir os produtos dos grandes mercados nacionais (LIPOVETSKY, 2007, p. 26). Lipovetsky está se referindo à

Europa, pois no Brasil isso demora um pouco mais para acontecer. A indústria nacional começa a se organizar nos anos de 1950, se consolidando nas décadas seguintes quando acontece grande êxodo dos moradores de regiões rurais para regiões urbanas (MARCHINI & BRITO, 2016, p. 69-70).

O que marca a produção em massa e o surgimento das grandes indústrias nacionais é a produção de maquinário. Para termos noção da potencialização da produção industrial, nos Estados Unidos dos anos de 1880, uma máquina fabricava 120 mil cigarros por dia. Com 30 máquinas, a indústria tabagista produzia todos os cigarros necessários para a manutenção do mercado nacional. As máquinas também permitiam, no mesmo período, que apenas 75 operários produzissem 2 milhões de caixas de fósforos por dia e fábricas de sabonete produziam 200 mil unidades por dia (LIPOVETSKY, 2007, p. 27). Com tantos cigarros produzidos era preciso fazer com que as pessoas tivessem desejo de fumar. E é então que a mídia ocupa seu espaço no processo de consumo com o marketing e a publicidade.

Diferença entre *marketing* e publicidade

É muito comum achar que *marketing* e publicidade sejam sinônimos, mas não são, existe uma diferença: O *marketing* é toda a estratégia de venda de produtos e serviços de uma empresa e sua relação com o consumidor, e por isso é muito mais abrangente do que a publicidade. O *marketing* tem o papel de desenvolver ações para chegar até os clientes, entendendo suas necessidades e buscando a satisfação. Ao planejar uma estratégia, o *marketing* utiliza os 4P's: Produto, Preço, Praça e Promoção e desenvolve uma série de atividades para alcançar os objetivos da empresa/instituição, conquistando clientes e público. Para isso, o *marketing* é responsável ainda em definir quem é a empresa (identidade), quem são seus clientes, quais os diferenciais dos produtos e serviços etc.

Já a publicidade é a responsável para que os objetivos comerciais que foram planejados pelo *marketing* sejam atingidos. Desse modo, a publicidade é a difusão das ideias, tornando algo público, ou seja, é a divulgação de produtos e serviços. São os anúncios de marcas e empresas nos diversos meios de comunicação: televisão, jornais,

> internet etc., além da comunicação teoricamente espontânea que acontece por meio de assessorias de imprensa e gestores de conteúdo que divulgam marcas e produtos com o objetivo de fazer com que as pessoas falem da marca ou negócio.

O *marketing* percebe que as pessoas podem comprar determinado produto e buscam torná-lo conhecido relacionando-o com as necessidades do consumidor. Nossa vida é envolta em propagandas de produtos que nem pensávamos que existissem e quando menos percebemos somos seduzidos pelas facilidades que eles nos oferecem. Nossa vida cotidiana parece ficar mais simples e ágil a cada comercial que nos oferecem produtos sedutores e que prometem facilidades e coisas que nem pensávamos que existissem.

Há muito investimento comercial em cada publicidade. E cada vez mais a publicidade e a propaganda fazem parte dos planejamentos empresariais. Como exemplo, a Coca-Cola®, em 1892, investia 11 mil dólares em publicidade. Em 1901 esse valor passa para 100 mil e 1,2 milhões em 1912. Em 1929 a Coca-Cola® já gastava 3,8 milhões em verbas publicitárias (LIPOVETSKY, 2007, p. 29). Outras fortes marcas nascem neste mesmo contexto e se consolidam como sinônimo de seus produtos, como a Kodak® e a Quaker®.

Uma reflexão faz-se necessária. A globalização é um processo econômico e como tal tem o intuito de gerar lucro mais do que informação ou entretenimento. O conhecido e respeitado geógrafo brasileiro, Milton Santos, entende que a globalização tem um lado perverso. Por trás da ideia de intercâmbio de informações e culturas, no "verso" de toda essa beleza, há aqueles que não têm acesso ao consumo, à internet, à informação, nem à comida. O mundo global é também o mundo que produz desempregados e a fome (SANTOS, 2013, p. 59).

A globalização de produtos gera uma homogeneização de produção e consumo (SANTOS, 2013, p. 30). Apesar de parecer que podemos comprar o que quisermos, isso não é muito real. Às vezes, parece que as cores de carro ou mesmo de uma simples camiseta são inesgotáveis. Mas a cada ano as fabricantes de camiseta decidem quais serão as cores da moda verão e não temos outra opção senão aquelas sete ou oito cores disponibilizadas. Então podemos pensar: mas alguém precisa mais do que sete ou oito cores? Claro que não. E a questão não é essa, mas é a falsa ideia de que temos possibilidades infinitas de escolhas.

O mundo global não dá espaço para o diferente, exceto se isso for economicamente viável. Na prática, significa que o diferente é aceito se ele der lucro. A globalização alia a venda de produtos com uma *performance* globalizante. No fundo somos todos muito parecidos, vestimos roupas parecidas, utilizamos carros parecidos e até os azulejos da cozinha de nossas casas são relativamente parecidos, geralmente seguindo as tendências que são expostas por um artista conhecido ou um jogador de futebol.

Mais que vender, é preciso ser conhecido. E isso acontece porque quem é conhecido tem poder de venda. Como influenciadores digitais, presentes no YouTube e redes sociais, que têm milhões de seguidores ganham dinheiro? Eles são patrocinados por marcas justamente pela influência que exercem sobre os seus seguidores. Mais do que a globalização de um produto ou marca, temos a globalização de um sistema. Reina a ideia de que não há como existir se não for dentro do modelo de vida e de consumo que nos é colocado (SANTOS, 2013, p. 36).

Também a pastoral passou a ser influenciada pelo *marketing* e pela publicidade. As paróquias montaram sites, páginas nas redes sociais e buscam tornar suas atividades e serviços mais acessíveis às pessoas. É comum ouvirmos que as comunidades paroquiais têm um "produto" muito bom que é Jesus e seu Evangelho, mas não conseguem "vendê-lo". Mas também não adianta buscar "vendê-lo" como um vendedor que não se compromete com seu "cliente" e quer apenas empurrar um produto.

Podemos cometer o erro de entendermos que a pastoral se resume à publicidade e à propaganda. O risco é assumirmos os critérios de uma pastoral de massa que se satisfaz com o número de pessoas que frequentam as igrejas sem se preocupar com as relações pessoais, com os processos de iniciação e com o compromisso batismal que deve ser assumido na vida cotidiana da comunidade.

1.9.2 Globalização como hegemonização

A globalização nos tornou todos muito parecidos. Seja no Japão, na África do Sul, na Itália ou no Brasil, assumimos modelos de vida muito comuns e cada vez menos somos capazes de perceber o que é próprio de cada lugar. Afinal, não precisamos mais ir ao Japão para termos acesso à típica comida japonesa e os vinhos da África do Sul se espalharam pelo mundo, isso sem falar dos produtos chineses que encontramos em vários comércios. Os hábitos locais são cada vez mais sutis e desprezados.

O problema é que essa uniformização ou essa hegemonização não é fruto de um intercâmbio cultural, mas um processo de consumo (LIPOVETSKY & SERROY, 2011, p. 7-15) que leva a prejuízo de culturas e iniciativas locais (SANTOS, 2013, p. 36). Às vezes parece que se não consumimos, não somos gente e não estamos inseridos na sociedade. E mais ainda, parece que a nossa cultura nem é cultura, quando não é comercializada e deixamos de consumir os produtos próprios de nossa região ou país para nos inserirmos no consumo dos produtos de esfera global. Na prática, passamos a consumir produtos industrializados e hegemônicos em detrimento tanto da cultura como dos produtos locais que acabam sendo desvalorizados.

Nossa cultura caipira, do povo sertanejo (referindo-se aqui a quem vive no sertão) ou dos pampas, passa a ser vista como folclórica e pode ser desprezada. Na escola as crianças não se interessam em dançar quadrilhas nas festas juninas e as danças são substituídas pelo *country*, mais ligado à cultura de consumo. As tradições dão lugar ao consumo. O conhecido filósofo Bauman trata das realidades líquidas como metáforas de realidades transitórias, centradas no indivíduo e suas necessidades mais imediatas (BAUMAN, 2001, p. 7-9). Vivemos na era em que tudo é líquido, passageiro, transitório, e a lógica do consumo auxilia para a manutenção desta mentalidade.

Vivemos a era da cultura-mundo. Nela, a cultura se identifica com sua capacidade de transformar tudo em comércio. A cultura-mundo insere os indivíduos num universo marcado pelas relações de consumo (LIPOVETSKY & SERROY, 2011, p. 12-13), sendo a consumação do projeto de igualdade, princípio e fundamento da modernidade. Mas aqui a igualdade é identificada com a capacidade de se inserir no universo de consumo, sempre muito padronizado. Perdemos a capacidade cultural de sermos plurais e diversos nos tornando cada vez mais parecidos.

Essa cultura-mundo vem acompanhada de um paradoxo, ou seja, de uma contradição: por um lado encontramos a autonomia do indivíduo diante dos grandes referenciais culturais das instituições tradicionais – o que é em si revolucionário – mas esse mesmo indivíduo se encontra submerso numa cultura de mercado e assume uma posição de consumidor diante de toda a realidade que vive (LIPOVETSKY & SERROY, 2011, p. 33-36).

Essa lógica do consumo chega em todos os âmbitos da nossa vida, inclusive quando nas relações com a comunidade eclesial. É comum nos comportarmos como consumidores. Na prática, temos autonomia, mas não sabemos utilizá-la fora da lógica de consumo e isso é muito ruim. Um exemplo de autonomia (que não podemos confundir com arbitrariedade do de quem faz o que quer) é a evolução dos processos catequéticos que falam do amadurecimento da fé e da formação de um sujeito autônomo. Mas também a cultura de mercado chegou à religião e muitas vezes nos relacionamos e não é difícil nos colocarmos na posição de consumidores mesmo quando vamos à igreja. Diante da comunidade eclesial podemos encontrar muitos que se portam como consumidores.

1.9.3 A globalização chega na pastoral

O cristianismo se organiza em comunidades, geralmente paroquiais. Nelas as pessoas se conhecem e se reúnem a cada domingo e celebram a Eucaristia, escutam a Palavra, iniciam processos catequéticos, os ministros acompanham os enfermos e os grupos se reúnem para a reza do terço. Provavelmente se você consegue visualizar essa descrição, sua comunidade ainda tem características de diálogo com a realidade local.

Mas as comunidades também trazem consigo características de um mundo globalizado. E aqui vai uma advertência: não se trata de ser certo ou errado, mas de uma característica cultural que não tem volta. Dizemos isso para evitar qualquer saudosismo daqueles que acham que o melhor modo de ser cristão era "o do seu tempo". Posturas assim nos impedem de assumirmos a nossa missão evangelizadora. Também não queremos dizer que vamos assimilar o mundo global perdendo os laços de afeto. Contudo, é inevitável que os membros das comunidades tragam consigo características deste mundo global.

Uma das características do mundo globalizado que chega à nossa religiosidade é começarmos a comparar as organizações e vivências comunitárias locais com as midiáticas. Os grupos de canto começam a ser comparados com os ministérios de música da TV e, com esse critério, o Sr. João, que toca seu violão na minha comunidade, nunca terá o mesmo equipamento e profissionalismo que os músicos que tocam nos ministérios de música dos canais católicos de TV. A homilia do pároco local começa a ser comparada com a homilia dos pregadores de canais de vídeo na internet e mesmo as estruturas físicas da comunidade passam a assumir os padrões que vemos nas mídias. As comunidades assumem os parâmetros, os modelos e os estilos da religião que é veiculada na mídia.

Algum leitor pode fazer a reflexão de que os processos globais sempre acontecerão na Igreja. Afinal, o catolicismo teve a pretensão de consenso em muitos momentos da história. Foi assim com os primeiros concílios ecumênicos, com instruções dirigidas a toda a Igreja (SOUZA, 2020, p. 59). E foi assim com o Papa Gregório VII (papado entre 1073-1085) que reformou não somente a liturgia, mas também a organização da Igreja, mudando a nomeação de bispos e disciplina dos sacramentos (SOUZA, 2020, p. 98-99). Mas essas instruções, por mais que tivessem perspectivas de normalizar a teologia e a eclesialidade de toda a Igreja, não tiveram a velocidade do impacto cultural que a internet impõe.

Os tempos de pandemia do Covid-19 fizeram com que muitas comunidades paroquiais migrassem para a internet. Missas foram transmitidas pelas redes sociais e podemos perceber várias questões importantes. A primeira delas é como não estávamos preparados para as atividades online. Também fomos motivados a pensar como ficam as relações comunitárias e nossa participação eclesial quando são mediadas pela internet. Mas a mais importante é que a internet nos projeta para o ciberespaço e para o global. Muitos foram os casos de padres que tiveram suas homilias contestadas e submetidas à opinião pública. E é claro que precisamos melhorar nosso discurso com a formação permanente, mas devemos saber que, na era cibernética, nenhum discurso é anônimo. Tudo está online.

> Online/ Offline expressão de nossa posição diante da internet. Estamos online quando nos conectamos, quando acessamos os aplicativos e aparelhos, e estes, por sua vez, estão conectados à internet. Offline expressa a postura de estar desconectado, seja porque não estamos utilizando os aparelhos e aplicativo, seja porque estes aparelhos estão desconectados, ou seja, estão sem acesso à internet.
>
> **Ciberespaço** é um termo mais novo do que a internet, e foi inventado em 1984 por William Gibson em um livro de ficção, mas depois foi assimilado pelos estudiosos da cibercultura. Para Lévy – pesquisador em ciência da informação e da comunicação que estuda os efeitos da internet e da cibercultura –, o ciberespaço é definido como a comunicação aberta e mundial que estabelecemos entre os computadores e suas memórias. O ciberespaço pode se caracterizar por ser o ambiente virtual onde se juntam as informações e dados.

As consequências deste mundo global e virtual podem ser entendidas na perspectiva da liquidez. Tudo se torna líquido, efêmero, passageiro (BAUMAN, 2001, p. 8). Escolhemos e deixamos de escolher produtos em um clique, nos aplicativos de relacionamento também se "seleciona" uma pessoa em um clique e abrir ou fechar um site ou rolar a barra do Facebook e visualizar uma outra postagem que vem abaixo é uma possibilidade que está na ponta de nossos dedos. Essa situação chega à vivência da fé, e o teólogo Antonio Spadaro, um dos grandes nomes do estudo do ciberespaço, aponta para uma vivência religiosa também em moldes líquidos, em que os fiéis se tornam telespectadores e o pertencimento eclesial recebe contornos de um login que criamos para acessar uma página ou rede social (SPADARO, 2012, p. 68).

Se por um lado podemos sempre melhorar nos serviços que prestamos às pessoas, não podemos reduzir a vivência cristã à prestação de serviço (MARCHINI, 2017, p. 93). Os processos de iniciação devem ser vivenciados de maneira profunda para que o cristianismo possa ser visto como projeto de vida e não somente como momentos de ritualização esporádicos e prestação de serviço. Por mais que vivamos influências dos processos globais, vivemos em determinado contexto histórico e temos o dever de dialogar com a realidade local na qual estamos inseridos.

Por um novo jeito de fazer catequese

SOMOS GLOBALIZADOS

Caro catequista, procure saber um pouco mais quais as músicas que os jovens escutam. Mas faça isso sem julgamentos. Mais do que falar se a música é boa ou ruim, procure perceber o porquê de eles gostarem da música. Isso pode ajudar muito no processo catequético. Só podemos evangelizar aquele que conhecemos. A mesma atitude pode ser assumida diante de programas de TV, séries ou desenhos animados. Uma dica é que você catequista, pelo menos uma vez por semana, busque escutar as músicas da preferência dos catequizandos, e isso pode acontecer no caminho para o trabalho. As séries também dizem muito sobre os jovens que as assistem, ajudam a entender suas ideias, convicções, seus relacionamentos e afetos.

É comum a ideia de que não podemos criticar aquilo que não conhecemos. Mas neste caso, não se trata de buscar conhecer aquilo que o catequizando assiste ou ouve para criticá-lo no encontro da catequese. Isso apenas criaria um boqueio e cultivaria um catequizando que entende que a catequese não aceita quem ele é. Conhecer o catequizando é um exercício empático que nos possibilita estar no lugar dele e perceber o mundo em sua perspectiva.

Jesus sempre anunciou o Reino a partir da realidade que as pessoas viviam. Será que a música ou as séries são tão ruins que não tenham nenhum valor? Se algum dia falarmos que uma música que eles gostam anuncia uma mensagem legal e coerente com o Evangelho, será que eles não se tornarão mais receptíveis ao processo catequético? Faça esse exercício e veja se é possível colher alguns frutos.

Procure também acessar as redes sociais das quais seus catequizandos fazem parte. Mas cuidado!!!! Não faça isso como se fosse um vigia querendo sondar o que eles postam, dizem ou leem. Faça com o espírito de curiosidade e acolhida. Você colherá elementos interessantíssimos para entender a geração de seus catequizandos.

Ao se inserir no universo do catequizando, o catequista ganha capacidade de se comunicar, adquirindo uma linguagem que os aproxima do catequizando. Linguagem é mais do que vocabulário. Não estamos aqui falando de uma dezena de palavras que estejam na moda dos adolescentes e das crianças. Linguagem é comunicação, e só conseguimos nos comunicar quando dialogamos com vidas e existências concretas. Com os catequizandos conseguimos nos comunicar quando falamos de suas vidas, quando eles percebem que a mensagem do Evangelho diz respeito ao que eles vivem cotidianamente e que por isso mesmo pode dar sentido à vida.

1.10 A comunicação hoje

A forma como cada sociedade se comunica muda com o passar dos tempos. Hoje nossos adolescentes e jovens se comunicam não mais com pergaminhos. Jornal impresso quase que soa como algo ultrapassado. Os catequizandos muitas vezes não têm paciência para ler um livro. Deliciam-se muito mais com as postagens nas redes sociais. As curtas reportagens da internet, que trabalham muito mais com imagens do que textos, parecem ser mais atraentes e agradáveis aos olhos.

Nos dias atuais a comunicação é mais pontual. Não nos falta informação, mas às vezes nos falta profundidade de raciocínio. Temos mais informações breves e rápidas, acessíveis ao curto tempo que dispomos para estas atividades. Isso é bom? É ruim? No processo catequético isso não é bom nem ruim. São características dessa geração. Temos, então, que saber trabalhar com esses nossos catequizandos assim como Marcos soube trabalhar com os seus escrevendo o Evangelho, e, Agostinho, pronunciando seus sermões. Se ficarmos reclamando, não seremos capazes de perceber os sinais dos tempos e aproveitar as oportunidades para a evangelização. Mais do que julgar a situação, somos chamados a perceber o processo catequético como oportunidade de evangelização, como espaço para anunciarmos, a partir da realidade dos meios de comunicação social, a Boa Notícia de Jesus Cristo que é a vida em plenitude (cf. Jo 10,10).

Vamos adentrar no universo da internet para entendermos o modo de ser e de pensar das novas gerações. A catequese, como processo de iniciação à vida cristã, busca dialogar com contextos históricos específicos. Somos cristãos não na época de Jesus, nem em outro momento histórico, mas no contexto atual e é com ele que queremos dialogar.

Assumiremos a perspectiva do Concílio Vaticano II que propôs o diálogo com a modernidade. Na verdade, o Concílio propõe uma Igreja que dialogue com o local onde ela está presente (*GS*, n. 1). E assim, se a comunidade está nas grandes cidades, é com essa realidade que ela deve dialogar; se ela está em uma região ribeirinha, ou quilombola, ou em uma pequena cidadezinha do interior, é com a realidade local que a Igreja deve se interagir, pois o Vaticano II entende que o diálogo é importante para que, consequentemente, a comunidade se coloque a serviço (*LG*, n. 26,40).

Hoje vivemos em uma cultura cibernética. Vamos nos colocar em diálogo com ela para que possamos trabalhar junto aos catequizandos que não mais entendem sua existência fora desta realidade.

Por um novo jeito de fazer catequese

ESCUTAR O CATEQUIZANDO

A catequese é comunicação. Os processos catequéticos envolvem comunicações em vários níveis: a comunicação entre catequizandos e catequista, a comunicação entre a Igreja e a turma de catequese, a comunicação da Igreja com a família, a comunicação entre todos os envolvidos (catequizandos, catequista, família, comunidade eclesial) e Deus.

Sendo comunicação, a catequese tem como objetivo possibilitar a iniciação à vida cristã do catequizando. A experiência cristã acontece em diálogo com a realidade concreta em que estamos inseridos ou, em outras palavras, com a vida. Nesse diálogo entre o Deus que se revela e a nossa vida, as circunstâncias históricas e sociais devem ser consideradas. Isso significa que a experiência de Deus e a iniciação cristã acontecem na nossa vida concreta.

Diálogo e comunicação são inseparáveis para uma catequese mais eficiente. Se não estabelecemos um diálogo com o nosso catequizando, a catequese se transforma em um monólogo. Neste caso, apenas o catequista comunica suas ideias e princípios, mas não consegue interagir com a realidade vivida pelo catequizando, geralmente porque não consegue parar para olhá-lo e ouvi-lo. Assim como Jesus que caminhava com as pessoas, comia com elas e as escutava, o catequista é chamado a estabelecer uma posição de empatia com seu catequizando, olhando para ele e buscando ver o mundo na perspectiva dele. E aí entra o universo da internet.

Para as novas gerações, a internet não é apenas um local onde se entra para acessar conteúdos e fazer pesquisas. Trata-se de um instrumento capaz de mediar as relações humanas. Pela internet nos relacionamos com nossos amigos, trabalhamos, nos relacionamos com o mundo.

Você catequista deve estar se perguntando como fazer isso. Na verdade, estabelecer um diálogo com os catequizandos e assumir uma linguagem que possibilite a comunicação do Evangelho de maneira mais eficiente é um processo. O primeiro passo é nos sensibilizarmos, e para isso é importante escutarmos o catequizando. Mas há um segundo passo que é o da conversão pastoral, tanto mencionado pela Igreja nos últimos tempos, seja no Documento de Aparecida (DAp, n. 365-370), seja pelo Papa Francisco (*EG*, n. 25-33). A conversão pastoral acontece à medida que deixamos o trabalho de manutenção das estruturas pastorais para assumirmos uma postura missionária de encontro com o outro, de encontro com as pessoas e, no caso da catequese, de encontro com os catequizandos.

2

A INTERNET

O mundo da internet – ou mundo cibernético – ainda é muito recente. Buscamos entender a lógica e a organização das relações que acontecem de modo virtual. E se para aqueles que vivenciaram o início da internet, lá no final dos anos de 1990 e início dos anos 2000, ela se limitava a ser um banco de dados que consultávamos, para as novas gerações a internet se mistura com o mundo físico e as relações, trabalhos e até grupos sociais acontecem também no ambiente virtual.

Uma coisa é certa: as coisas mudaram bastante. E estão mudando rápido demais. Quando olhamos para a realidade, percebemos isso facilmente, seja pela mudança tecnológica, seja pela mudança cultural ou mesmo pela mudança religiosa. Hoje acompanhamos os pregadores pela internet, escutamos músicas em plataformas como o YouTube ou Spotfy e os jornais paroquiais deram lugar às páginas de internet e aos perfis das redes sociais, como o Facebook e o Instagram. Mesmo as organizações paroquiais e diocesanas utilizam a internet para comunicar calendário e orientações, tornando mais fácil a comunicação.

Aqui buscaremos entender as mudanças que acontecem e os impactos que elas exercem na nossa vida. Buscaremos partir sempre daquilo que é vivenciado e que gera certa incerteza e dúvidas em tantos catequistas que, não sendo nativos digitais, sentem dificuldades de trabalhar com os catequizandos que entendem a internet como sendo uma extensão de suas vidas cotidianas.

Diante de tais mudanças, é preciso assumir a humildade daqueles que têm consciência de que não sabem tudo e buscar auxílio com aqueles que estudam essas mudanças. Talvez esta atitude seja a mais importante quando tratamos da relação entre a catequese e a internet. A cada semana é lançada uma nova plataforma, um novo aplicativo (App), um novo dispositivo ou uma ferramenta tecnológica, e as crianças e adolescentes fazem a transição de um App para o outro com muita facilidade. Quanto mais nos aproximamos de nossos catequizandos, conhecendo como eles fazem uso das tecnologias e da internet, melhor será a nossa capacidade de dialogar com eles e de entendermos esse universo.

2.1 Um mundo diferente pede diferentes entendimentos

O mundo mudou e continua mudando. Isto porque cada época requer diferentes atitudes que influenciam o desenvolvimento de sociedades, o jeito de pensar e agir das pessoas; este movimento cada vez mais vai gerando mudanças. Diante da afirmativa: vivemos não só uma época de mudança, mas uma mudança de época, podemos nos perguntar: o que essa frase de efeito tem de relação com aquilo que vivemos em nosso cotidiano?

A resposta geralmente é que as mudanças em nosso entorno mudam o nosso modo de pensar, agir. Não muda apenas o que fazemos. Muda o como fazemos (DAp, n.33). Isto tem como influência a internet como uma das grandes responsáveis por essa mudança. No entanto, mesmo com todas as inovações, algumas questões permanecem as mesmas, como por exemplo, a necessidade e importância dos relacionamentos humanos, que mesmo no mundo virtualizado se estabelece, embora haja alguns senões quanto à forma como alguns deles se estabelecem.

A internet é uma das grandes responsáveis por essa mudança. Vivemos em um mundo virtualizado. Isso significa que nossas relações a atividades são cada vez mais digitais e menos analógicas. Nós nos conectamos diariamente. Porém, ainda há aqueles que não têm acesso à internet, são os excluídos digitais. Seja olhando para aqueles que fazem uso da internet, seja para aqueles que são excluídos, não há mais como desconsiderar a realidade cibernética.

Quando o catequista pensa que mudou apenas o fato de o seu catequizando ter em mãos um smartphone (um celular), ele se engana. Mudou a maneira como esse catequizando se relaciona com o mundo e consequentemente o modo como ele produz conhecimento. O fato de estarmos conectados nos trouxe agilidade. Conseguimos acessar conteúdos que antes não nos eram acessíveis com tanta facilidade. Se antes era necessário recorrer a um livro ou a uma enciclopédia para saber qual foi a data em que aconteceu o Concílio Vaticano II (1962-1965), hoje basta pesquisar num site de busca.

Existem várias outras mudanças que poderíamos elencar. Vamos retratar aquelas que acreditamos serem mais significativas para entendermos essas mudanças dentro do processo catequético. Basicamente, uma pessoa constrói conhecimento quando ela tem acesso a uma informação e é capaz de processar essa informação aplicando-a ou enxergando-a em várias realidades. Em outras palavras, não basta ter a informação, é preciso saber utilizá-la no cotidiano.

O mundo cibernético possibilita que transitemos nesse mundo de informações. Mas as informações que a internet traz são rápidas e muitas vezes podemos estabelecer uma relação de superficialidade com elas. A quantidade de informação que encontramos na internet é imensamente maior e mais ágil do que aquelas que encontramos num jornal impresso. Contudo, a nossa relação com essas notícias pode ser mais breve ou superficial.

Quando se trata das redes sociais parece que a experiência com o mundo cibernético levou a uma perda da capacidade de vivenciar e saborear as coisas. A fotografia daquele lindo pão assado que postamos no Instagram está longe de ser tão intenso e belo como é a experiência de sentir o cheiro do pão assando, ver a manteiga derretendo na fatia de pão quente ou se deliciar com o pão acompanhado de um café fresquinho.

Outra questão a se pensar é que as pessoas, todas elas, são influenciadoras digitais. Isso significa que aquilo que postamos nas redes sociais ou aquilo que compartilhamos pode levar as pessoas a buscarem as mesmas vivências. Assim, a fotografia do pão que citamos anteriormente pode motivar alguém a fazer o seu próprio pão, ou a imagem do percurso da nossa caminhada ou corrida no final do dia pode motivar aqueles que veem a postagem a também se exercitar.

Aqui vale retomar aquela máxima de Santo Inácio de Loyola que entendia que não é o muito saber que satisfaz a alma, mas o experimentar e vivenciar cada coisa. Entender os processos cibernéticos pode nos possibilitar a aproximação cultural com os nossos catequizandos. Mas de forma alguma substitui a vivência eclesial. Podemos levar para as redes sociais aquilo que já vivemos na comunidade. Caso contrário, seríamos como aquele nosso amigo que vê a foto do pão que assamos, dá um *like*, mas não sente o seu intenso sabor.

2.2 O Sexto Continente e a cibercultura

Quando nos conectamos na internet podemos nos sentir em outro mundo. E isso não é apenas uma metáfora. As leis que regem a ciberespaço são diferentes das leis do mundo físico, por mais que seus princípios sejam os mesmos. A lógica da internet é outra e envolve questões internacionais e globais. O autor António Covas, teórico português que pesquisa as implicações da internet na vida humana, usa a metáfora da internet como o Sexto Continente. Sabemos que há toda uma discussão sobre se a Antártida é ou não um continente, mas não vamos entrar no mérito. O que nos interessa é entender as características deste universo cibernético.

> **Sexto Continente** é um termo utilizado pelo pensador António Covas para se remeter à internet. Ao se conectar, o usuário transcende as fronteiras geográficas e territoriais, conectando a um outro padrão de linguagem ou relações que constitui uma cultura global.

E por que o termo Sexto Continente nos chamou a atenção? Nossas comunidades celebram o mês missionário a cada mês de outubro. E é comum que se faça uma reflexão sobre a missão cristã na perspectiva intercontinental a partir dos cinco continentes, utilizando inclusive cores e simbologias específicas a cada um deles. Entender a internet como um Sexto Continente nos auxilia a entender como a missão cristã pode acontecer neste meio. Consequentemente podemos entender o papel da catequese dentro da perspectiva missionária.

Cada vez que estamos conectados – e sempre estamos – nos inserimos em uma nação sem limites geográficos, isso porque a internet, além de ser virtual, ultrapassando os limites físicos, é global, ultrapassando os limites geográficos e territoriais. Para chegar a uma população em outro lado do mundo não é necessário que se faça uma longa viagem de avião. A internet encurtou as barreiras físicas.

A internet extrapola qualquer limite étnico. Uma etnia compreende as características e o modo de ser de cada povo. Quando dizemos que, na internet, determinados limites étnicos são superados ou transpostos, queremos dizer que, por exemplo, um idioma não é mais um impedimento para que uma pessoa tenha acesso a um conteúdo da internet. Hoje em dia um simples clique em um botão do Google tradutor transforma uma página toda escrita em inglês, alemão ou russo, em uma página em língua portuguesa. E mesmo que a tradução não seja tão boa, ela possibilita o acesso ao conteúdo que foi postado.

Alguns sites e produtores de conteúdo, já sabendo da abrangência global de suas postagens, disponibilizam os textos em vários idiomas. Um exemplo claro é o site do Vaticano. Você sabia que a maioria dos documentos papais e conciliares estão em português no próprio site do Vaticano? Pelo menos os mais centrais de cada papa estão. E não apenas dos papas mais atuais, mas também dos medievais e antigos.

Os papas publicam documentos que influenciam diretamente a vida das comunidades eclesiais, oferecendo horizontes e orientações aos cristãos católicos. Esses documentos podem ser encíclicas, exortações, constituições apostólicas ou orientações mais breves como um *Motu Proprio*, normativa expedida pela Igreja ou pelo próprio papa, como por exemplo, pela qual se instituiu o Ministério de Catequista. Tais escritos podem ser encontrados em livros, mas também estão todos disponíveis no site do Vaticano (www.vatican.va) e a maioria deles, pelo menos os que mais utilizamos, estão em língua portuguesa.

Mas não podemos reduzir a internet a essa possibilidade de informações. Isso porque a internet também está longe de ser esse ambiente democrático no qual todos podem se manifestar ou postar aquilo que produzem, auxiliando na construção de um mundo global. Na prática, o que aconteceu foi que alguns grupos ficaram nas mãos de grandes grupos que controlam o comércio, inclusive o da informação.

O ciberespaço, ou a cibercultura, é consequência do mundo virtual, ou do mundo do www (do inglês World Wide Web que na tradução poderíamos entender como Rede Mundial de Computadores). E a revolução do www não foi propriamente a invenção do computador, mas o fato de colocá-lo em rede de modo que uma pessoa pudesse trocar informações com outras pessoas e seus computadores. Isso fez com que se criasse todo um universo, uma rede, ou a Web (LÉVY, 2018, p. 87). Um computador desconectado da internet não serve para muita coisa. Ele se transforma em uma espécie de máquina de escrever. Você já passou pela experiência de ficar sem internet e ligar seu computador? Temos a repentina sensação de que estamos fazendo algo inútil, pois não é possível enviar um e-mail, acessar um site ou fazer uma consulta.

WWW do inglês World Wide Web (rede mundial de computadores), é a sigla que antecede os endereços de sites utilizados na internet. A sigla traz a concepção de uma rede que conecta todos os computadores, possibilitando troca de informações e dados.

Cibercultura é a cultura própria da internet. Produzimos termos, pensamento e comportamento a partir dos elementos cibernéticos. Ela se alimenta do nosso acesso à internet e com a aproximação do universo físico e virtual, a cibercultura influencia cada vez mais a vida cotidiana, fazendo com que assumamos os comportamentos próprios do ciberespaço.

Vamos pensar como a internet mudou nossa vida. Nela podemos transferir dados e informações e acessá-los em outros computadores, desde que conectados. A cibercultura se alimenta do nosso acesso à internet. Sempre que utilizamos a rede mundial de computadores, inserimos novos dados, alimentando essa rede. E quanto mais esse ciberespaço se amplia, chegando a novos usuários, mais ele se torna universal. Contudo, onde está a internet? Como achamos o caminho para os conteúdos? A internet, justamente por ser desprovida de materialidade (LÉVY, 2018, p. 113). Isso significa que sua lógica organizacional é diferente da lógica do mundo físico que muitas vezes se organiza pelos critérios materiais.

Faça um teste: escolha uma página que você conhece. Pode ser, por exemplo, a página de sua paróquia. Mas tente chegar a essa paróquia colocando apenas o nome do padroeiro num site de busca, omitindo a sua cidade. Quantas paróquias com o mesmo padroeiro aparecerão? Provavelmente muitas. Muitos são os caminhos na e da internet, tornando-a um espaço com infinitas possibilidades de acesso.

Uma das características facilitadoras da cibercultura é a leveza dos dispositivos móveis (smartphones, tablets, relógios entre outros) e facilidade que temos de estar com eles sempre à mão (SPADARO, 2012, p. 18). Os aparelhos de smartphone são cada vez menores, mais ágeis e leves, alguns funcionam conectados a relógios de pulso (são os chamados smartwatches) que recebem mensagens de aplicativos e executam todas as funções que o aparelho de celular é capaz de executar.

> **Smartwatches** são relógios de pulso que funcionam conectados a um smartphone. Eles têm funções para além de marcar a hora, integrando os dois aparelhos.

A agilidade e a leveza são acompanhadas de tecnologias cada vez mais "lisas". Todos os botões dão lugar à tela touch screenn, que é a tela dos smartphones que é sensível ao toque (HAN, 2019, p. 8). O botão físico tornou-se sinônimo de falta de tecnologia. Ao mesmo tempo, a tela dos equipamentos abriu-se a inúmeras possibilidades (SPADARO, 2012, p. 21) e o mundo está à nossa mão. Do nosso pequeno aparelho podemos acessar de mapas a receitas, podemos fazer a declaração do imposto de renda e assistir o filme que foi lançado.

> **Touch screenn** é a tela sensível ao toque. Quando temos um aparelho com tela touch screenn, não há botões para apertar e acessamos os aplicativos e atalhos por meio da pressão do dedo na própria tela do aparelho. As telas touch screenn praticamente aposentaram os aparelhos com botões físicos. Hoje essas telas estão presentes em smartphones, mas também em notebooks.

Vivemos a era dos aplicativos. Isso faz com que muitas pessoas diminuam o uso de computadores, optando pelos smartphones e seus aplicativos para acessar conteúdos da internet, comprar produtos, saber qual é o melhor caminho para ir ao trabalho ou para assistir sua série preferida. A internet traz uma agilidade que o mundo físico – ou analógico – não tem. Nos tempos da pandemia nos convencemos de que muitos trabalhos podem, sim, ser feitos pela internet. Reuniões, formações, estudos... a vida eclesial também pode fazer uso da rapidez da internet para se comunicar e vamos tratar desta agilidade pastoral em nosso próximo capítulo.

Contudo, é necessário dizer que no ciberespaço e na cibercultura nem tudo é tão bonito. Há a exclusão digital e a monopolização da informação. Sobretudo o final do século XX mostrou-se muito nocivo à democratização da internet. Os oligopólios (grandes grupos comerciais que controlam a internet) ditam as regras do mundo cibernético. E por mais que os indivíduos tenham voz, ela é desproporcional ao poder de veiculação de informação dos grandes grupos econômicos.

Para António Covas falta à internet uma "classe média digital" que fosse capaz de democratizar o chamado Sexto Continente (2018, p. 7). No entendimento de Covas há aqueles que têm acesso à internet e conseguem utilizá-las como meio de relação com o mundo e, na outra ponta, há aqueles que não têm acesso ao ciberespaço. Essa visão é extrema, pois sabemos que há uma parte da população que tem acesso precário ou mesmo consegue timidamente utilizar a internet como meio de se colocar no mercado de trabalho ou de continuar seus estudos. Mas é verdade que a internet está longe de ser acessível a todos, sobretudo quando consideramos a realidade brasileira.

Pode ser que aquele jovem, que grava seus vídeos e os posta em seu canal no YouTube ou nas redes sociais, pensa que está contribuindo para a democratização da internet ou mesmo produzindo conteúdo que irá atingir as pessoas. Ou a senhora, que a cada manhã acompanha a pregação de seu padre preferido pelo Facebook, acredita que participa desta aldeia global. De certa forma, o indivíduo comum está longe de ser um formador de opinião. Ele pode influenciar seus familiares, seus amigos ou mesmo sua rede de contato. Mas as postagens de um influenciador digital profissional tem uma abrangência muito maior, por tratar de certos assuntos que o aproximam dos seus interlocutores, seus seguidores. A democratização da internet, ou seja, a participação efetiva dos usuários, ainda é um horizonte a ser alcançado.

A pastoral cristã pode ser um instrumento de democratização da internet. Produzir conteúdo – seja por meio de textos, vídeos, podcasts, perfis em redes sociais – pode ser um modo de levar para a internet uma reflexão pautada nos princípios do Evangelho. A catequese pode ser um ambiente de articulação dos catequizandos de modo que esse conteúdo tenha uma linguagem juvenil.

Mas ao mesmo tempo não podemos reduzir a internet a um conjunto de equipamentos que nos possibilita o acesso a dados e a páginas e serviços. A internet também possibilita a comunicação entre as pessoas. Podemos conversar com alguém que está em uma região distante da nossa. Como um meio de comunicação entre as pessoas, a internet é experiência (SPADARO, 2016, p. 17). A internet também possibilita a produção e o acesso a bons conteúdos. Mesmo sendo desproporcional em relação aos grandes influenciadores digitais ou às grandes companhias de comunicação, podemos postar conteúdos e reflexões e acessar conteúdos postados por outras pessoas.

2.3 Online e offline

Vivemos online. Essa é uma característica comum na cibercultura. Dificilmente estamos offline e isso não tem a ver com estarmos com os smartphones ou computadores desligados, mas tem a ver com o estilo de relação que as populações atuais têm com a internet.

O cotidiano atual funciona online. Isso pode ser verificado pelo modo como nos relacionamos com os aplicativos ou mesmo com as redes sociais. Nós podemos estar com o aparelho "parado" e recebermos uma notificação seja do Facebook ou do WhatsApp, ou ainda o que é mais evidente, podemos estar com o localizador do nosso aparelho ligado, o que nos coloca em contato com o mundo.

Pensar a missão cristã no contexto da cibercultura é muito mais do que pensarmos em como utilizaremos a internet para evangelizar. Antes, faz-se necessário entender os impactos ou a lógica do mundo virtual. E sabemos que muitos são os elementos que poderíamos trazer para a nossa reflexão. Optamos por aqueles que achamos serem mais oportunos por estarem relacionados ao cotidiano e às organizações e lógica sociais.

Para o teólogo italiano Spadaro, essa distinção entre o online e o offline não traz frutos nem caminhos, mas apenas nos faz entender a internet de maneira equivocada (2016, p. 19). Não se trata de sair das relações na rede para termos relações reais. A internet não é um "outro lugar", mas um lugar para o qual levamos nossas relações. Se não for assim, corremos o risco de fazer da internet um ambiente em que relações equivocadas são construídas, crimes são cometidos e pessoas são desrespeitadas justamente porque as pessoas não sentem vínculos entre o ambiente virtual (online) e a vida física (offline).

2.4 Digital e virtual

Vamos aprofundar o entendimento dos conceitos. É comum, quando falamos de internet, colocarmos todos os conceitos dentro de um mesmo entendimento. Mas cada conceito diz respeito a uma realidade distinta. O mundo digital é o mundo dos dígitos, dos números. Tudo o que está na internet é representação de códigos que são organizados a partir dos numerais 0 e 1. Digitalizar uma informação significa traduzi-la em dígitos, ou, no caso, em números. Mesmo as imagens que compõem uma página de navegação são programadas a partir de numerais (LÉVY, 2010, p. 52).

Quando digitalizamos uma informação, imagem ou texto, estamos tirando sua materialidade (LÉVY, 2010, p. 56). Tomando o exemplo do próprio Lévy, quando tiramos uma fotografia com o smartphone (ou o que chamamos de celular), estamos digitalizando algo. Na tela do celular aparece uma imagem. Nas configurações do aparelho, quando a informação é armazenada nas placas, o que temos é uma série de numerais. Essa troca da imagem por dígitos, o que aqui chamamos de imaterialidade, possibilita que uma placa armazene muito mais informações.

Já ouviram falar nas nuvens? Não aquelas do céu, mas aquelas que armazenam informações e dados? Você pode não ter ouvido falar, mas se usa um smartphone, também utiliza uma nuvem mesmo sem saber. Você tira várias fotografias com o seu celular. E quando você troca de aparelho, fica assustado, pois algumas fotos antigas, que nem lembrava que existiam, inexplicavelmente aparecem em algum aplicativo. No mundo virtual, o armazenamento não acontece somente nas placas dos aparelhos. Temos, então, a virtualização da informação (LÉVY, 2010, p. 57).

O digital e o virtual modificaram as formas de comunicação e a maior comprovação disso é a própria internet trazendo a interconexão. A internet é revolucionária e não é possível, nos moldes como vivemos atualmente, pensar a vida humana

> As **nuvens (de armazenamento)** possibilitam que guardemos arquivos por meio de um provedor de computação que não está no aparelho, fazendo uso da rede. Quando armazenamos os arquivos nas nuvens podemos acessá-la de diferentes aparelhos por meio de acesso a provedores ou prestadores deste serviço.

> **Interconexão** é um termo utilizado para expressar uma mútua conexão, ou seja, uma conexão que acontece de ambos os lados. Ao tratarmos das redes e da internet, a interconexão diz respeito à característica que a internet tem de trocar dados e informação entre os usuários. Ao mesmo tempo que recebemos uma mensagem no nosso smartphone ou um e-mail, podemos enviar dados de nossos aparelhos.

e as organizações sociais sem ela (SBARDELOTTO, 2017, p. 79). Documentos são solicitados pela internet, trabalhamos com o uso da internet e também nossas relações pessoais se organizam virtualmente.

Resumindo, o digital diz respeito aos processos de desmaterialização da informação, como na fotografia que perde sua materialidade, sendo armazenada no celular. Já a virtualização diz respeito às redes e ao sistema. Todas as informações estão conectadas e não habitam apenas o meu aparelho, mas habitam esse grande sistema chamado internet.

O que é revolução?

O termo revolução é utilizado pelos historiadores para falar de mudanças históricas que alteram as estruturas de uma sociedade. A Revolução Industrial (século XVIII) e a *Revolução Francesa* (1789-1799) são as mais conhecidas. A sociedade que passa por uma revolução não consegue se organizar mais da mesma maneira. Após a revolução industrial, cidades foram criadas, populações saíram da zona rural para trabalhar nas indústrias, famílias foram impactadas com novos modelos de habitação, alimentação e vestuário.

Entender a cibercultura como uma revolução nos leva a entender que não é possível inserir-se neste modelo social abdicando do uso da internet. Mesmo que uma pessoa decida não utilizar um smartphone ou opte por não ter um e-mail será coagida a entrar nesta lógica sempre que precisar se inserir socialmente, seja porque busca um emprego, seja porque precisa de uma documentação ou fazer uma compra. A internet é mais do que uma mudança: é uma revolução!

Como entender o digital em relação à vivência religiosa? As religiões, de modo geral, têm processos mais físicos, analógicos e presenciais. Com o cristianismo católico não é diferente. É comum que os encontros de catequese utilizem símbolos. Também é comum que trabalhemos com os sentidos, com o cheiro e com o tato nas nossas dinâmicas. Nossos sacramentos são celebrados fazendo uso de elementos materiais, como o óleo, a água e a hóstia. Mas não passaremos alheios a este processo revolucionário que é o ambiente digital e a internet. As características do digital e da internet estão cada vez mais presentes não somente nas pessoas, mas também nos processos eclesiais. Um exemplo claro foram os anos de 2020 e 2021, com a pandemia do Covid-19 e a situação de isolamento. As comunidades passaram a transmitir as missas pelas redes sociais; as formações pastorais e reuniões das comunidades e paróquias, mas, sobretudo, das dioceses também passaram a acontecer utilizando plataformas que possibilitam a conexão de pessoas em uma mesma sala virtual.

 É importante que as comunidades tenham perfil nas redes sociais. Dependendo da comunidade é importante que a própria catequese tenha seu próprio perfil, mas essa decisão deve estar afinada ao planejamento pastoral da comunidade ou da paróquia. As redes sociais mais utilizadas são o Facebook e o Instagram. Se a comunidade costuma fazer lives, um canal no YouTube pode ser mais interessante.

2.5 O virtual é real?

Muitas vezes entendemos que aquilo que é virtual não é real, ou seja, que aquilo que está na internet não é real. Essa ideia de realidade está embasada na materialidade e, se considerarmos esta perspectiva, sim, o que está na internet não é real por não ter materialidade. Assim, a imagem de um delicioso frango assado que nosso amigo cozinheiro postou em suas redes sociais não mata nossa fome; e aquele pôr do sol que um casal conhecido postou não pode ser admirado da mesma forma, seus raios não podem ser sentidos e sua claridade não afetará nossos olhos.

Mas como já dissemos, o caráter virtual da internet vem de sua capacidade de digitalizar a informação e colocá-la em rede, de modo que essa informação possa ser acessada com agilidade (LÉVY, 2010, p. 77).

Outra questão importante é que corremos o risco de nos tornarmos um personagem nas redes sociais. Há um jogo chamado The Sims em que as pessoas criam avatares, ou seja, personagens que vivem uma vida como a que vivemos no mundo físico. Os personagens têm relações, trabalham, praticam esporte entre tantos outros afazeres. Não há um objetivo como derrotar um vilão ou salvar alguém. O único objetivo é construir uma vida para o seu avatar. Com a internet, The Sims colocou as pessoas em relação umas com as outras, fazendo do mundo do jogo uma realidade paralela. Hoje em dia é muito conhecido pelas crianças jogos como Minecraft e PK XD que têm a mesma lógica. O usuário monta um avatar e constrói uma vida dentro do jogo, com casa, roupas, comida e tudo mais que a sua imaginação permitir.

Outro jogo que trabalha com a ideia de avatares, ou seja, de personagens que criamos para viver uma vida na internet é o Second life. Lá se constrói tudo o que se pode construir na vida física, inclusive comunidades de interesses comuns. Nesta segunda vida (ou *second life*, em inglês) se escolhe aquilo que quer ser, desde sexo, passando pelo nome e sobrenome, e, escolhendo a versão paga do site, é possível escolher moradias e bens de consumo, tornando-se um verdadeiro cidadão de Second life (SPADARO, 2013, p. 78).

> **Avatar** é um cibercorpo, ou seja, é um rosto ou corpo que assumimos no ambiente virtual. A ideia do avatar é que o usuário represente seu perfil por meio de uma ilustração que podem ou não ter características e semelhanças ao corpo físico, podendo ser uma caricatura, mas também uma imagem alheia ou mesmo uma imagem formada a partir dos desejos do usuário. Usamos um avatar sempre que nosso perfil em redes sociais ou jogos é formado por uma ilustração de nós mesmos ou quando em serviço de streaming, como por exemplo nas plataformas de vídeos como Netflix, escolhemos um personagem para colocar em nosso perfil.

Ainda sem a internet, na década de 1990 houve o intenso uso do Tamagotchi, ou bichinho virtual como era mais conhecido. Em um pequeno aparelho, carregado por muitas crianças e adolescentes, o usuário alimentava seu bicho com o único objetivo de não deixá-lo morrer. Era comum escutarmos relatos de crianças e adolescentes que acordavam de madrugada, pois tinham que alimentar seu bichinho virtual.

Então podemos pensar que aquilo que está na internet não é real. De certa forma, o que está na internet não é físico, mas traz implicações ao mundo real, físico, vivido cotidianamente. Seria ingenuidade acreditar que a internet é um espaço de fábulas e historietas que não exercem implicações no mundo real. Para a internet, a reflexão entre real ou não é cada vez menos pertinente. Levamos nossa vida para a internet ao mesmo tempo que trazemos para o nosso cotidiano questões vivenciadas pela internet. Mais ainda, a fronteira entre o que está na internet e fora dela é cada vez menos evidente.

> Por um novo jeito de fazer catequese

CATEQUESE DIGITAL

É comum que, diante de uma situação de mudança, nos sintamos desconfortáveis. Quando nos deparamos com algo novo, a primeira reação é a de buscarmos a segurança. A internet trouxe mudanças estruturais para a nossa sociedade. As novas gerações, a dos nativos digitais, não têm muitos conflitos. Mas a maioria dos catequistas ou mesmo das lideranças religiosas é de migrantes digitais. E neste caso a transição fica mais difícil.

A internet é um caminho sem volta. Se queremos um emprego, precisamos ter um e-mail. É difícil pensarmos sem aplicativos de mensagens e é raro quem não tenha redes sociais. E aqui é importante deixarmos claro que não estamos defendendo a internet como modelo de organização da vida humana. Mas também não é sensato pensarmos em nos apartar, formando uma sociedade separada que vive de forma analógica. O site do Vaticano foi criado no papado de João Paulo II que disse que se a internet faz parte da vida humana, a Igreja tinha que se fazer presente neste espaço. Desde Bento XVI o papa tem uma conta no Twitter. E tantos são os organismos eclesiais e paróquias que buscam estar presente nas redes sociais.

Será que iniciaremos processos catequéticos online, quase que assumindo um modelo a distância? Provavelmente não. Não se trata de entender a internet como uma vilã, nem de assumir todas as suas ferramentas como principal elemento metodológico da catequese. A catequese é experiência eclesial que acontece junto da comunidade. As características da internet entram nos processos catequéticos à medida que fazem parte da vida humana.

> **Twitter** é uma rede social criada em 2006 nos Estados Unidos. A ideia era uma rede social na qual os usuários pudessem publicar pequenos textos com o máximo de 140 caracteres. Hoje são permitidos 280, além de compartilhar postagens e fotografias.

Na tradição católica sempre houve o costume de irmos presencialmente às missas. Aqueles que estavam enfermos recebiam a Eucaristia pelas mãos de um ministro. Mas nas décadas de 1980 e 1990 os idosos e enfermos puderam passar a ouvir as missas que eram transmitidas pelas rádios. Depois passaram a assistir à missa pela TV. Hoje podem assistir também pela internet. Esses idosos não necessariamente colocam a missa que assistem no lugar da Eucaristia. O rádio, a TV e depois a internet foram, e continuam sendo, uma possibilidade de escutar a Palavra e as reflexões dos padres diante da impossibilidade de estar junto à comunidade.

2.6 Uma sociedade em rede

No ciberespaço ninguém e nenhuma informação se isolam. Tudo está conectado formando uma grande malha entre essas conexões. Para este grande tecido no qual estão entrelaçados os fios das conexões e experiências damos o nome de rede.

O termo rede já habita nosso vocabulário e o entendimento que temos dos meios de comunicação. É comum ouvirmos a utilização da palavra rede quando nos referimos às redes de rádio e televisão que se referem a um conglomerado de emissoras de rádio e TV que se unem em uma única empresa, mesmo que operacionalmente cada emissora tenha uma administração própria. Na prática, muitas emissoras de rádios e TVs que não teriam condição de produzir conteúdo e transmissão para preencher completamente a sua grade, fazem parcerias com emissoras maiores. É por causa disso que muitas vezes as rádios das cidades onde moramos ou as emissoras de TV transmitem programas produzidos em outras cidades.

2.7 A arte e a estética no ciberespaço

Estética diz respeito à nossa relação com o belo. Quando falamos que algo é bonito, estamos falando da utilização de critérios estéticos. Então podemos entender que, de acordo com as mudanças dos critérios estéticos, mudamos também o nosso modo de olhar a realidade e entender que algo é belo.

A internet mudou nossa concepção estética, ou seja, ela mudou a maneira como olhamos para a realidade e como entendemos o que é bonito e o que é feio. Sites, máquina, robôs, sons eletrônicos, interatividade, tudo isso de alguma forma influencia nossa concepção estética. Trata-se da ciberarte (a arte própria do ciberespaço) que tem como seu maior critério a participação (LÉVY, 2018, p. 138). Na cultura da internet, belo é a sensação e a relação. As pessoas não se contentam com a visualização, mas buscam a participação.

> **Ciberarte** é a arte que assume a estética do ciberespaço. Quando pensamos na arte analógica, ou seja, a arte do mundo físico, pensamos em texturas, dimensões que podem ser assimiladas pelos padrões do mundo físico. A arte que assume os padrões da internet trabalha com as dimensões próprias do mundo cibernético.

Vamos buscar entender melhor. As gerações de migrantes digitais (aqueles que nasceram antes da internet) se contentavam em visualizar a obra de arte e conseguiam captar toda a beleza que existe nela. Mas quando levamos uma criança ao museu, ela não se contenta em olhar para as esculturas e para os quadros. Ela quer interagir, participar. A estética é a das redes sociais, a dos games, a da interatividade.

A estética cibernética é coletiva. A lógica da interatividade, da construção grupal e processual é típica da internet (LÉVY, 2018, p. 138). E isso nos aponta caminhos para uma catequese que busca a interação com as questões vivenciadas pelos catequizandos, que acolhe suas motivações e se abra à participação deles. O processo catequético não é unilateral, em que o catequista é o detentor do conhecimento e da verdade e a leva ao catequizando. A lógica catequética é processual e participativa.

 O uso das tecnologias deve sempre considerar as opções de cada família e a idade indicada para o uso. Mas os grupos de WhatsApp podem ser interessantes como instrumento de interação entre os catequizandos levando o processo catequético para além do encontro.

Mas os processos globais também trazem prejuízos estéticos. Já abordamos o assunto, mas aqui cabe uma ilustração. As plataformas de música como Spotfy, Deezer ou YouTube beneficiam os cantores internacionais. E aqui não se trata de ser a favor ou contra determinado cantor ou nacionalidade ou a interação entre as culturas, mas de ser contra a hegemonia que não possibilita o acesso a cantores e músicas de nosso próprio país. A hegemonia de determinados estilos músicas, além de enfraquecerem culturas e iniciativas locais, criam um gosto estético uniforme (LÉVY, 2018, p. 140).

O filósofo coreano Byung-Chul Han entende o momento cultural atual na perspectiva do que ele chama de hiperculturalidade. De modo geral, a hiperculturalidade significa mais cultura (HAN, 2019, p. 24). Vivemos tudo com mais intensidade e nossas relações estéticas não são diferentes. Tudo acontece com um certo exagero de quantidade e intensidade. A internet tem muito de hiper. Tudo é muito: páginas, sites, aplicativos, possibilidades.

No que diz respeito à arte, o online e offline se aproximam (LÉVY, 2018, p. 148), ou melhor, o offline se torna online. Já não é necessário ir ao Museu do Louvre para ver a Monalisa, nem ir à Capela Sistina para ver as pinturas de Michelangelo, e até mesmo o Santuário Nacional de Aparecida está disponível na internet para ser visitado virtualmente. Tudo está online, tudo está na internet. Há quem diga que as experiências pela internet não são iguais. Isso pode até ser verdade, mas, aqui, o importante é entendermos que mudou o acesso que temos à arte e à informação, e isso muda também as sensações que temos. Ver a tela do computador ou do smartphone pode ser satisfatório àquela pessoa que provavelmente não teria condições de viajar à França ou à Itália.

Por fim, podemos dizer que a internet traz algo paradoxal, ou seja, algo contraditório. Por um lado, todos os conteúdos estão lá, disponíveis no YouTube ou em outra página da internet. Aquela fala do padre pregador que você admira está lá, para que você assista quando quiser. As canções da banda que gostamos estão disponíveis no aplicativo. Também temos acesso aos textos dos autores que mais gostamos. A internet disponibiliza a gravação, textos e podemos assistir com mais facilidades aquilo que queremos. Por outro lado, tudo pode ser mais superficial no sentido de vivência. Podemos ter menos paciência quando escutamos uma música pela internet e, quando não gostamos, passamos para a próxima. Quando não gostamos da série deixamos de assistir após o primeiro episódio.

Por um novo jeito de fazer catequese

O ACESSO AO BELO PELA INTERNET

A experiência estética é parte integrante da catequese e em diferentes momentos da história temos exemplos de como a arte foi utilizada. No cristianismo antigo as imagens eram utilizadas como forma de retratar as passagens dos evangelhos aos novos cristãos. José de Anchieta, jesuíta que trabalhava junto dos índios, utilizava teatro e música para a transmitir a experiência cristã.

Hoje a arte se torna acessível por meio da internet e não precisamos ir à Basílica de São Pedro para vermos a Pietá (imagem de Maria com Jesus morto em seus braços) esculpida por Michelângelo. A procura em um site de busca, como por exemplo, no Google, nos possibilita ver várias fotografias além de nos oferecer várias informações sobre a escultura.

Há quem diga que ver qualquer lugar ou imagem ou um quadro por meio da internet não é igual. Quando vamos ao local onde a obra de arte está, seja uma igreja ou um museu, há uma atmosfera diferente. Isso pode até ser verdade, mas nem sempre é possível que visitemos os lugares e a internet pode ser uma boa oportunidade para que tenhamos contato com tantas obras de arte que são magníficas por sua mensagem e pela técnica.

O catequista pode fazer uso da internet sempre que quiser levar para o encontro uma obra de arte, quadro, escultura, vitral que ilustre o que está sendo comentado. Motivar os catequizandos para que usem a internet como instrumento de pesquisa também é saudável. É comum que limitemos a internet às redes sociais e aplicativos de conversa e esqueçamos o quanto ela pode nos oferecer recursos para os nossos encontros, reuniões e formações.

Na internet há como fazer *tour* virtual por várias igrejas espalhadas pelo mundo, inclusive ao Santuário Nacional de Aparecida e à Basílica de São Pedro, no Vaticano. Também é possível buscar, na internet, obras de arte que retratam momentos da vida de Jesus como a Santa Ceia, de Leonardo da Vinci ou Jesus crucificado, pintado por Salvador Dali.

2.8 As diferentes gerações e suas características

Falamos muito aqui em geração presente e gerações passadas, de gerações que aprenderam e ainda aprendem a navegar pela internet e gerações que foram educadas em contato com essas tecnologias. Muitas vezes as diferentes características das gerações nos criam problemas, isso porque sempre é difícil às gerações antigas entenderem os novos modos de ser e de se comportar das novas gerações. E as novas gerações não enxergam o sentido daquilo que é vivido pelos antigos. É natural que exista esse encontro de gerações afinal com diferentes características, nenhuma geração é igual à outra.

As diferentes gerações também acontecem na catequese. É comum que os catequistas tenham certa dificuldade em entender a cultura dos catequizandos e, quanto mais distante o catequista for do catequizando, quanto maior a dificuldade do diálogo cultural entre eles, maior será o desafio de dialogar sobre a mensagem do Evangelho.

A internet faz com que esse encontro de gerações seja mais complexo. Isso porque, quando se trata da internet, podemos basicamente dividir as gerações em duas: os migrantes digitais e os nativos digitais. Os migrantes digitais nasceram sem o acesso à internet e foram aprendendo a navegar na web ao longo da vida. Já os nativos digitais nasceram nos anos 2000 e desde crianças têm acesso ao mundo virtual.

Mas os estudiosos entendem também cada geração a partir da relação que elas têm com a internet e com os meios digitais. Assim chegaram a um certo consenso, dividindo seja os nativos ou os migrantes digitais, em várias outras gerações. No início dos aparelhos eletrônicos, ainda com uma internet frágil, as mudanças eram lentas. Hoje essas mudanças se intensificam criando, cada vez mais cedo, novas gerações.

A primeira geração é a da chamada *baby boomers*. Eles são os primeiros a terem contato com os aparelhos eletrônicos. O termo *baby boomers* pode ser traduzido por "explosão de bebês". O nome veio do período após a Segunda Guerra Mundial quando a Europa estava devastada e assumiu os vários planos econômicos propostos pelos Estados Unidos que tinham a ideia do consumo como alavanca para a reestruturação econômica da sociedade. A lógica era que quanto mais se consumisse, mais se fabricariam produtos e melhor caminharia a economia.

A explosão de bebês vinha do incentivo para que as famílias tivessem filhos. Os *baby boomers* são os nascidos entre 1946 a 1965 ou 1970. Eles foram os primeiros a terem contato com computadores, mas demoraram a ter acesso a internet. Muitos utilizavam o computador como uma máquina de escrever. Os arquivos eram guardados em equipamentos como disquete; e se você leitor não sabe o que é um disquete, provavelmente não é um *baby boomer*.

Após os *baby boomers* veio a geração x, que compreende a juventude que viveu entre os anos de 1970 e 1980. Os efeitos da guerra já haviam passado, pelo menos de modo aparente. Era o período dos festivais de música como o Woodstock e da sociedade do "Paz e amor". Outra característica dos jovens da geração x é que buscavam uma vida financeira estável e uma carreira sólida. Essa geração teve o primeiro contato com a internet que, de certa forma, servia como um enorme banco de dados que estava disponível para pesquisa. Não havia interação. A internet era uma extensão das relações e do mundo físico. Os dados veiculados na internet eram institucionais e estáticos, não havendo muita diferença entre o que era postado nas redes e o que era impresso no papel. Além disso, a internet era acessível a poucos, e muitos da geração x tiveram seu primeiro acesso à internet apenas nos anos de 1990.

Os millenials sucederam a geração x. Eles também são reconhecidos como geração y e compreendem os jovens que nasceram entre o final da década de 1970 e o início da década de 1990. Esses jovens cresceram assistindo TV, com seus programas infantis e desenhos animados. Por mais que não tivessem amplo acesso à internet, os jovens da geração y tinham acesso a equipamentos eletrônicos como videogames, TV colorida e depois a cabo e também computadores. Já viviam a ideia de portabilidade com os walkmans, um pequeno aparelho, pelo menos para os padrões da época, que tocava fitas K7. Os jovens da geração y eram midiatizados. Escutavam rádios, pediam música fazendo ligações e, muitas vezes, ofereciam a música a alguém (geralmente a um/a paquera), gravavam as músicas enquanto elas tocavam para escutá-las em seu equipamento seja o toca-fitas ou o walkman. Somente depois, na década de 1990, é que surgiu o CD-player e nos anos 2000 os i-pads, que tocavam músicas no formato mp3.

A geração Y foi a primeira geração a ter mais acesso à internet. Contudo, tratava-se da internet "discada", que funcionava pela linha telefônica, e era acessível a uma pequena parte da sociedade. Era comum que os jovens esperassem as madrugadas ou o final de semana quando os custos de conexão eram menores. Mas o fato de serem acostumados aos equipamentos eletrônicos fez com que eles se acostumassem rapidamente com os equipamentos e dispositivos móveis e smartphones. A geração y também é uma geração que demonstra consciência política e social. Trata-se da geração do "politicamente correto", da economia sustentável, da consciência ecológica e da valorização das minorias. Mas não é uma geração militante.

Tanto a geração dos *baby boomers* como as gerações x e y são migrantes digitais. Eles não nasceram com acesso à internet, mas foram migrando para o mundo virtual no decorrer da vida.

A geração z é a geração dos jovens atuais. Trata-se da primeira geração de nativos digitais. Os jovens da geração z nasceram entre o final dos anos de 1990 e os anos

2000 e desde a infância tiveram acesso à internet, sendo difícil para eles pensar como seria a vida fora dela. Por serem nativos digitais, entenderam desde cedo que as pesquisas podem ser feitas pelo Google. São rápidos em achar as informações, mas sua visão é superficial. Por isso mesmo é a geração conhecida como zapping, por pularem de página em página, de canal em canal, de postagem em postagem.

Cada uma das gerações tem uma maneira de se relacionar com o ambiente digital. Os diferentes modos de relacionamento podem criar conflitos, mas também aproximações. Existem famílias onde os jovens auxiliam os mais idosos no uso da internet e isso os aproxima. Há casos de avôs e avós que jogam videogame com seus netos. Mas também há jovens que se isolam nas redes sociais e nos aplicativos e deixam de se relacionar com a família.

As gerações dos migrantes digitais também são migrantes na vida social. Muitos saíram da região onde nasceram e cresceram para tentar a vida em outros lugares e nos grandes centros urbanos. Também migraram de um estilo de vida mais rural para um estilo de vida mais urbano. Todas essas adaptações e mudanças não são fáceis. E não podemos entender que a entrada no ambiente cibernético se limita a abrir uma conta de e-mail, usar WhatsApp ou ter um perfil no Facebook. Mais que isso, se trata de assumir um estilo de vida em que as situações são pautadas pela virtualidade. As novas gerações nasceram no universo cibernético. Para ambas é necessário ter sensibilidade e uma postura afável. Pois o fato de usar ou não a internet não faz de nenhuma delas nem certa, nem errada. São apenas características geracionais.

2.9 A internet também se transforma

Por muito tempo a internet foi um ambiente de consulta de dados ou uma extensão de tarefas que já acontecia na vida cotidiana. Um exemplo era o jornal impresso que passou a ser veiculado também pela internet, ou a compra de um produto que poderia, também, ser feita pela internet. O que estava na internet estava também no universo fora dela. Eram as mesmas lojas e os mesmos jornais. E a rapidez das consultas e compras viabilizava uma maior aglomeração de dados. Era a internet dos sites. Mas isso mudou. Hoje os sites não são apenas um espaço de acúmulo de informações, mas geralmente prestam algum serviço como contar as atividades físicas que alguém faz ao longo do dia ou aprender um novo idioma.

Há aplicativos com dicas de oração. Assim como aqueles que lembram que é hora de beber água ou de treinar um idioma. Os aplicativos lembram que sempre é momento de estar em oração e isso pode ser utilizado para a aproximação com os catequizandos, pois a linguagem é mais próxima deles.

O indivíduo vive conectado, seja pelos aplicativos, seja pelas nuvens que guardam seus dados, seja pelas redes sociais que possibilitam conversas diárias e instantâneas com inúmeras pessoas. A internet passou a ser o que possibilita a nossa conexão com o mundo. Em 2016 realizamos uma pesquisa sobre a relação entre as religiões e a internet (MARCHINI, 2016). À época a interatividade se limitava a comentários feitos pelos usuários em sites. Em pouco tempo o cenário mudou substancialmente. O universo cibernético é dinâmico. A interatividade se concretiza nos comentários que a pessoa posta na internet, mas também nos compartilhamentos e produção de conteúdo. Sempre que postamos algo estamos interagindo, seja com a postagem, seja com a opinião. A internet possibilitou não apenas o aumento de dados, mas sua compilação em rede.

A internet atual é a das redes. Hoje ela se estabelece como ambiente de interação e, além de buscar dados, as pessoas postam conteúdo e emitem opiniões. O indivíduo se conecta não apenas como usuário, mas como interlocutor. Das pessoas que utilizam a internet, segundo, dados do IBGE de 2015, 92% estão conectadas às plataformas sociodigitais (SBARDELOTTO, 2017, p. 38-39). O perfil do internauta mudou e migrou dos sites para as redes sociais.

Os nossos catequizandos estão sempre online. Eles não utilizam a internet, eles são conectados. Suas amizades e suas relações se comunicam pelos aplicativos e as redes sociais se transformaram no instrumento pelo qual eles se apresentam ao mundo. E isso tem implicações? Claro que sim! E abordaremos essa questão.

2.10 Impactos ou processos?

Ao tratar da cibercultura, o estudioso do tema Pierre Lévy entende que a palavra impacto não é a mais apropriada. Isso porque para o autor as tecnologias são fruto do nosso contexto e fazem parte de um processo pelo qual as sociedades e os seres humanos passam (LÉVY, 2018, p. 21).

Contudo, é inegável que somos impactados pela realidade da internet, que influencia tanto nas estruturas sociais e comerciais quanto na vida do indivíduo. Os impactos sociais estão relacionados à globalização, à uberização do trabalho e da importância que os bancos de informações ganham. Mas temos muitos impactos à vida do indivíduo.

2.10.1 Excesso de exposição

O filósofo coreano Byung-Chul Han elenca muitas características do indivíduo atual. Han não fala propriamente do indivíduo da internet, mas nos ajuda muito a entender esta realidade. Constantemente podemos observar indivíduos superexpostos, bombardeados de informações e, consequentemente, cansados de carregar a vida perfeita que é veiculada nos posts das redes sociais.

A sociedade da internet, e aqui sobretudo das redes sociais, é a sociedade que busca eliminar qualquer forma de imperfeição, qualquer forma de assimetria (HAN, 2017b). Não é comum que as pessoas postem a fotografia que não ficou boa. Então você pode perguntar: "mas por que postaríamos a fotografia que não ficou boa?" E podemos responder que o problema não é esse. Muitos leitores não se lembrarão, mas antes dos smartphones que tiram fotografias de alta qualidade, tínhamos a máquina digital e, antes dela, a máquina analógica, ou a "máquina de filme". Dentro dessas máquinas colocávamos um pequeno rolo de filme no qual era gravada aquela imagem por meio da luz que entrava pela lente. Tínhamos a opção de 12, 24 ou 36 poses. Em um exercício rápido, vá até o seu smartphone e veja quantas fotografias você tem no seu arquivo. Provavelmente 12 apenas de uma cena.

Os filmes eram relativamente caros e por isso não se tirava várias fotografias de uma mesma pose. A ideia era preparar bem o cenário para que fosse possível a fotografia perfeita. Mas, após a "revelação do filme" e a impressão das fotos, poderíamos ter a triste notícia de que o foco não estava bom ou o enquadramento não havia sido perfeito, "cortando" parte de alguém ou do cenário. Também a pose ou a expressão facial poderia não ter sido a melhor.

Enfim, a imperfeição fazia parte da vida. E nossos amigos e família, ao irem à nossa casa, pegariam aquele álbum de fotos com as fotos boas, mas também com aquelas que não ficaram tão boas. Só descartávamos a foto quando realmente ficava ruim, desfocada ou desforme. Com a máquina digital aprendemos a selecionar as fotografias. Passamos a tirar várias fotos da mesma situação, deletando aquelas que não ficaram boas. Com as redes sociais passamos a expor essas fotos que foram escolhidas por sua perfeição. E não se trata de defender que temos que postar fotos "feias", mal enquadradas ou desfocadas, mas se trata de entender que a internet e a exposição nas redes sociais vêm junto com esse processo da busca extrema pela perfeição.

 Geralmente os catequizandos têm um smartphone sempre à mão. Tirar fotografias pode ser uma estratégia interessante sempre que um encontro de catequese tratar de um tema que possibilite um olhar dos catequizandos para determinado tema. Por exemplo, ao tratar da criação, os catequizandos podem fotografar elementos da natureza. É comum trabalharmos com murais. A internet também tem seus murais. As fotografias podem ser compartilhadas em sites como o Padlet ou outros com o mesmo formato.

Alguém quer ser imperfeito? Talvez a pergunta esteja equivocada, pois sabemos de nossas imperfeições. Na verdade, ninguém quer parecer imperfeito. E as redes sociais acabam enfatizando esse desejo de uma imagem de perfeição. Na sociedade na qual somos cobrados pelo desempenho (HAN, 2017a, p. 69), também a perfeição das redes sociais passa a ser vista como uma tarefa que deve ser bem-sucedida. Consequentemente nos cansamos, estafamos, nos isolamos com nossas imperfeições e frustrações (HAN, 2017a, p. 71), mesmo que nossas redes sociais tenham vários seguidores.

A internet diminuiu os filtros de veiculação da informação. O caminho entre o produtor de conteúdo e o visualizador é pequeno. E quando falamos de produtor de conteúdo, entendemos desde aquele que escreve um texto até aquele que tira uma fotografia do bolo que cozinhou e posta na rede social. Isso faz com que tenhamos contato diário com um volume incontável de informação e conteúdo a ponto de se transformar em uma doença: a SFI (Síndrome da Fadiga da Informação) ou ainda a FOMO, sigla baseada na frase em inglês "fear of missing out" que seria o medo de estarmos perdendo alguma informação e que nos leva a estar conectado por mais tempo (HAN, 2018, p. 104).

Como escolher o que curtir, o que ler ou compartilhar em meio a tanta informação? A saída está na autonomia do sujeito. O volume de informação não nos permite estabelecer organismos de controle que trabalhem de maneira eficiente. Por isso mesmo temos que apostar na construção de um sujeito que seja maduro a ponto de saber que algumas postagens não devem ser compartilhadas e ele sabe isso porque pesquisou e viu que não há veracidade na informação.

O mundo virtual pode se revelar o mundo da solidão. Conhecemos muitas pessoas, mas isso não significa que elas façam parte da nossa vida. As relações virtuais não devem nos afastar dos laços de afeto das comunidades físicas. E a comunidade eclesial pode ser também comunidade de vivência de relações e afetos.

Quando tratamos da exposição virtual, é comum encontrarmos jovens que embora tenham muitos amigos do Facebook ou seguidores no Instagram, sejam pessoas sem vínculos de afeto. E isso é nocivo à vida deles, pois é justamente na juventude que, além da família, precisamos dos amigos para nos situarmos no mundo em que vivemos. É contraditório viver a solidão em meio a tantos amigos virtuais. Mas sim, isto acontece!

2.10.2 O *cyberbullying*

Outro prejuízo do mundo cibernético é o cyberbullying. A internet também se revela um ambiente cruel que expõe situações vividas pelos jovens. Não é raro nos depararmos com casos de vídeos com conteúdo sexual envolvendo jovens que são compartilhados em grupos de WhatsApp entre seus conhecidos. Também fotografias íntimas e mesmo quando outras situações familiares como a separação dos pais, por exemplo, são evidenciadas na internet. Como acolher tais jovens? Como não sermos "mais um juiz" dentre os tantos que a internet já coloca a eles? Se no mundo analógico poderíamos ter o problema da fofoca, no ambiente virtual temos o problema do *cyberbullying*. O papel da comunidade cristã é o da instrução, mas também o da acolhida e da misericórdia.

> **Cyberbullying** é o *bullying* que acontece no ambiente virtual. O *bullying* se caracteriza por ser uma prática de atos violentos que acontecem constantemente, geralmente sendo motivado por uma característica física, cultural ou social. O *cyberbullying* acontece quando essa prática de violência migra para a internet, sobretudo por meio dos comentários que podem agredir psicologicamente uma pessoa.

O *cyberbullying* também acontece por questões raciais, por questões de gênero ou por questões sociais. A internet se tornou um areópago sem regras e muitos se acham no direito de ofender utilizando o sexo, a cor da pele ou a classe social de outras pessoas. Temos dois problemas: a falta de maturidade e consciência daqueles que ofendem e entender que a internet é espaço para a vivência de seu preconceito, mas temos também a dor daquele que é ofendido e tem sua vida exposta.

A catequese pode ser um grande auxílio para que os jovens vivam as relações cibernéticas com mais sabedoria e prudência. Como um caminho processual, que se constrói junto com os catequizandos, a catequese deve também construir um cristão maduro afetiva e socialmente. Esse jovem, mais maduro, torna-se capaz de discernir e saber como devem ser suas atitudes e também como deve reagir diante daquilo que acontece com os outros jovens, que são seus próximos.

O *cyberbullying* pode trazer prejuízos à vida de jovens e, neste momento, devemos tomar como referência o agir e pensar de Jesus que fica muito claro no texto do samaritano (Lc 10,25-37). O samaritano não pergunta o que o homem à beira do caminho havia feito, se mereceu apanhar e ser assaltado, se estava no caminho certo ou não. Apenas cuidou. Às vítimas do *cyberbullying*, cabe nosso cuidado e afeto, pois a situação sempre é muito dolorida. Frases como: "mas ele provocou", "mas por que ela postou aquela foto?", ou "e se não estivesse nas redes sociais isso não aconteceria" só transferem a responsabilidade para a vítima do *cyberbullying*. A vivência eclesial nos chama à corresponsabilidade e à misericórdia. O fato de vivermos na sociedade civil pede consciência dos nossos direitos e deveres. O *cyberbullying* é ao mesmo tempo uma atitude sem misericórdia e que extrapola o entendimento dos direitos e deveres do cidadão no ambiente virtual.

2.10.3 Quem diz o que pode ou não? A regulação da internet

Não há como entender a problemática das relações na internet se antes não entendermos o processo de globalização. É comum que entendamos a globalização como o enfraquecimento das fronteiras. Logo nos vem à mente a possibilidade de conhecer novas culturas, novos países e de um mundo sem fronteiras. E esse é o equívoco. A globalização é, sim, a construção de um mundo onde as fronteiras se enfraquecem. Mas de modo geral elas não se enfraqueceram para as pessoas, mas para o dinheiro.

O geógrafo brasileiro Milton Santos identifica essa globalização como perversa, pois vende uma ideologia de livre-acesso, seja ao consumo ou territórios, mas que na verdade trata-se de uma imposição de padrões que criam uma universalização de determinada cultura hegemônica (2013, p. 14-15).

A globalização não se concretiza ao acaso. Ela é consequência de dois processos paralelos: as condições materiais e as novas relações (SANTOS, 2013, p. 65). As condições materiais possibilitaram uma maior produção industrial e um sistema de transporte e distribuição mais eficientes. A indústria passou a produzir mais e a gerar um excedente que fez toda diferença ao comércio; meios de distribuição mais eficientes possibilitaram que este excedente fosse comercializado. De nada adiantava, por exemplo, produzir muito trigo se ele se deteriorasse nos locais de armazenamento. Ter uma malha ferroviária e rodoviária, bem como trens e caminhões, ou mesmo navios, possibilitou aos produtores de trigo enviarem o grão para várias regiões do mundo.

Paralelo ao processo material, a globalização se embasa nas novas formas de relação política. Dinheiro e informação mudaram a forma como os países se relacionam entre si. Se antes um país era o detentor de informação, no mundo globalizado ela está sob o poder da iniciativa privada. As empresas detêm mais informações que muitos chefes de estado e fazem uso destas informações para gerar capital.

Mais que globalização, o que vivenciamos é a universalização ou a internacionalização do mundo e da lógica capitalista (SANTOS, 2013, p. 23). Os processos globais até possibilitaram uma interação entre as culturas, mas ela é desigual. Por que não escutamos música uruguaia nas rádios brasileiras? Por que não assistimos filmes iranianos, muito bons por sinal, nos cinemas brasileiros? Por que não encontramos comida havaiana nos restaurantes pelo Brasil? Há vários modos de responder a essas perguntas.

No processo de globalização, dinheiro e informação tornam-se elementos íntimos e centrais (SANTOS, 2013, p. 37). Big Data, startup, tudo se torna informação e, consequentemente, possibilidade de lucro. No mundo cibernético quem tem informação consegue transformá-la em dinheiro, e os grandes sites de vendas têm muitas informações, os aplicativos também e nós alimentamos o Big Data, ou seja, este "grande cérebro" de informações, mesmo que não tenhamos consciência de que fazemos isso.

> **Big Data** é um conceito relacionado à tecnologia da informação e diz respeito a um grande volume de armazenamento de dados. Não se trata de um lugar onde se colocam os dados da internet, mas do conjunto dos dados que são publicados ciberespaço. As grandes empresas de tecnologia, como a Google, buscam compilar estes dados de modo a trabalharem com eles.
>
> **Startup** é uma palavra que vem do inglês e diz respeito a empresas emergentes, ou seja, de empresas novas, que foram fundadas a pouco tempo e que têm o objetivo de aprimorar um modelo de negócio. Em geral as startups disponibilizam serviços e produtor que utilizam a internet como meio de chegar aos consumidores.

Em um universo tão amplo como a internet torna-se sempre mais difícil qualquer forma eficaz de regulação. A internet, bem como a globalização, ultrapassa os limites geográficos e, consequentemente, as regulamentações políticas. Como controlar um conteúdo que é veiculado no Brasil, mas foi postado em um computador que está conectado à internet nos Estados Unidos? Esse é somente um dos tantos exemplos que demonstram que a internet é um ambiente de difícil regulação.

2.10.4 *Fake news*

Outro problema relacionado à internet é o da *fake news*. As "notícias falsas", como podemos traduzir a expressão em inglês, se tornaram comuns em nossa realidade. Quem nunca recebeu um post pelo WhatsApp que traz uma informação duvidosa? Ou aquela postagem no Facebook que em um primeiro momento estranhamos? As *fake news* geralmente têm objetivo político e querem criar suspeita sobre alguma pessoa ou grupo.

> *fake news* são as ideias e notícias falsas compartilhadas pela internet. Geralmente elas são produzidas com o intuito de propagar uma concepção social ou política e prejudicar alguém ou algum grupo de pessoas.

Além da proliferação de mentiras, por meio das redes sociais e internet de modo geral, nos deparamos com a constante manipulação da verdade de modo que se possa dissimular, sem culpa. Há distorções e manipulações de dados de modo que se conte aquilo que é interessante a alguém. Os teóricos chamam o momento em que vivemos de era da pós-verdade, onde cada um estabelece a sua verdade e, por mais que os fatos apontem para uma direção, as pessoas decidem em que querem acreditar (KEYS, p. 20).

Podemos somar a isso a crise do jornalismo que não consegue dialogar com o público da mesma forma que no tempo dos jornais impressos ou dos telejornais (SBARDELOTTO, 2020, p. 165). As redes sociais ganham agilidade e expressão. As notícias chegam mais rápido às pessoas. Mas também perdemos o critério institucional e o controle sobre o que é verdadeiro ou falso.

Uma saída para o problema da *fake news* é a construção de um sujeito consciente de seu papel na Igreja e na sociedade. Esse sujeito pode assumir três saberes: saber escolher, saber ler e saber escrever (SBARDELOTTO, 2020, p. 170-171). Ao saber escolher, aprendemos a selecionar as informações, buscando nos informar sobre a confiabilidade do que é publicado; ao saber ler, o sujeito busca entender a situação e não compartilha notícias apenas pelo "fiquei sabendo"; saber escrever é a postura daquele que tem responsabilidade diante dos conteúdos que compartilha nas redes sociais.

Trabalhar a temática da *fake news* é urgente. Espalhar qualquer notícia, compartilhar qualquer conteúdo, sem ter responsabilidade, é uma atitude incompatível com a que se deseja e espera de um cristão maduro na sua fé e consciente de seu papel na Igreja e na sociedade.

2.10.5 Linkando nossas vidas

O ambiente cibernético é o ambiente dos links. Sejam eles em forma de botões, também conhecidos como hiperlinks, sejam eles em forma de endereços de sites, a cada link acessado podemos entrar em uma nova página que nos traz outras informações. Assim também é a Igreja. Ela é como um link pelo qual podemos acessar as realidades divinas. Mas a comunidade cristã também é link entre nós, filhos e filhas de Deus que se reúnem para celebrar a Palavra e a Eucaristia, para nossos trabalhos pastorais e para compartilhar a vida.

> **Links** é um elemento ou conjunto de caracteres que ao ser acessado pelo clique ou pelo toque leva a uma página ou documento. Quando copiamos um endereço de site e o copiamos como texto, ele se transforma em um link, geralmente com cor azul e sublinhado.

A internet nos fez estar cada vez mais conectados, mas estarmos conectados não significa, necessariamente, estarmos em comunhão (SPADARO, 2016, p. 25). Somos chamados a viver a comunhão que está relacionada à comunidade, à construção de laços, à vivência dos afetos e aos ideais do seguimento de Jesus. Pode ser um equívoco entendermos que a comunidade conectada seja a comunidade em comunhão.

Contudo, a internet também se revela um ambiente onde a Igreja deve estar presente. Se as pessoas estão conectadas, também a ação evangelizadora da Igreja deve estar. A internet possibilita a formação e o alimento espiritual aos cristãos que estão inseridos na vida comunitária, e também é espaço onde a comunidade cristã pode se colocar em diálogo com aqueles que foram batizados, mas não vivem de acordo com a sua fé ou ainda com aqueles que não conhecem Jesus e sua mensagem (CNBB, Doc. 109, n. 37).

Por um novo jeito de fazer catequese

A INTERNET E A DIMENSÃO ATITUDINAL DA CATEQUESE

O cristão assume Jesus e o seu Evangelho como modelo a ser seguido. Assim o cristão se caracteriza por suas atitudes e por suas convicções. O modo de vida cristão não se limita ao comportamento que assumimos na convivência junto à comunidade eclesial. É fácil ser cristão dentro da igreja. O cristão se caracteriza por suas atitudes assumidas em todos os ambientes e circunstâncias em que vive.

Assumir uma vida cristã é um processo para o qual podemos dar vários nomes, dependendo da perspectiva que assumimos. Podemos falar de amadurecimento, de discernimento vocacional, de construção da santidade ou de iniciação à vida cristã que, em comum têm o fato de possibilitarem a cada pessoa assumir-se como cristão.

O cristão também assume o modo de ser cristão na internet. Nesse sentido, a catequese tem a internet não apenas como um instrumento, mas também como um tema que constantemente deve ser explorado e abordado nos encontros. Qual o comportamento e as atitudes que os catequizandos assumem no mundo virtual? O que é coerente ou não fazer? Por exemplo, compartilhar *Fake news* ou praticar *cyberbulling* são atitudes incoerentes com a mensagem do Evangelho.

Nos tempos atuais vivemos a chamada cultura do cancelamento. Ao postar algo ou fazer algum comentário, sobretudo pessoas famosas ou os influenciadores digitais, costumam perder milhares ou milhões de seguidores. Há também a ação dos haters que buscam comentar as postagens com o intuito de uma crítica gratuita. A prática da cultura do cancelamento chega também à vida daqueles que não são famosos. É comum que pessoas excluam umas às outras de suas redes sociais por questões políticas e ideológicas. Claro que devemos ser críticos e exercer nossa cidadania também nas redes sociais, mas a internet pode ser um ambiente em que as pessoas se sentem confortáveis para julgar umas às outras sem considerar as relações. Ao assumir uma perspectiva atitudinal, a catequese se torna capaz de oferecer elementos para um discernimento cristão, também na internet.

> **Haters** são usuários da internet que se dedicam a criticar postagens, geralmente utilizando a área destinada a comentários. A palavra *hater* vem do inglês e quer dizer odiador, ou seja, o *hater* não é aquele usuário que quer fazer uma crítica ou construir um debate, mas apresenta o único objetivo de espalhar discordância.

2.11 Uma leitura intercultural dos processos cibernéticos

Cultura é qualquer forma de produção humana, seja ela material ou não, que acontece como consequência da maneira como o ser humano se relaciona com a natureza. Produzimos cultura quando cozinhamos, construímos lugares de habitação ou quando escrevemos. Mas também há cultura imaterial, como o comportamento, o modo de ser e de pensar de cada local.

Como surge uma cultura? Uma cultura é construída por meio de encontros sociais e de experiências e práticas vivenciadas no cotidiano. Nenhuma cultura está isolada e nenhuma nunca é pura. Elas são dinâmicas e se constroem à medida que são confrontadas umas com as outras. Neste processo de encontros culturais, elas se hibridizam, ou seja, elas se misturam, resultando em novas culturas ou em culturas transformadas.

Mas as culturas, nesse processo de encontros entre elas, se misturam e se transformam. Há aquilo que chamamos de interculturalidade, ou seja, um intercâmbio de elementos culturais. O mais difícil, em um primeiro momento, é aceitarmos que há a interação entre as culturas e que a realidade cultural, seja ela qual for, é múltipla (CANCLINI, 2015, p. 17). Nenhuma cultura é pura e nenhuma cultura é homogênea.

A educadora brasileira Vera Candau entende que, na América Latina, vivemos uma multiculturalidade mais evidente e com características próprias (CANDAU, 2018, p. 21). Uma realidade multicultural seria oposta à realidade padronizada consequente da globalização. Trata-se de uma realidade plural, de uma globalização feita "de baixo para cima". A realidade multicultural respeita as diferenças e características que são próprias de cada grupo ou população (CANDAU, 2018, p. 26-27).

Se tomamos por base a cultura brasileira, nos deparamos com uma realidade multicultural, assim como em toda a América Latina. O Brasil foi formado, sobretudo, pelos indígenas que aqui viviam, pelos portugueses e pelos africanos. O antropólogo Darcy Ribeiro entende que essas foram as matrizes que formaram o Brasil (2015). Mas também nos deparamos com uma história de colonização que levou à negação do outro (CANDAU, 2018, p. 29), o que dificulta que percebamos o quanto somos plurais, seja na genética, seja na cultura.

Somos um processo de muitos encontros culturais e podemos ver isso pela nossa alimentação, que mistura os elementos europeus com os indígenas e africanos, com a música que faz um encontro do samba com o rock, do vestuário que recolhe elementos de várias culturas distintas. Perceber a riqueza dos encontros culturais é perceber essa realidade intercultural. Entender que é legítima a valorização das culturas é fazer essa globalização que acontece "de baixo pra cima" (CANDAU, 2018, p. 26-27).

Canclini, filósofo argentino reconhecido por suas reflexões sobre encontros culturais, entende que quando falamos de interculturalidade, devemos trabalhar conjuntamente o diálogo entre três realidades: as diferenças, as desigualdades e a desconexão (CANCLINI, 2015, p. 55). Primeiramente vamos entender que diferença e desigualdade são termos distintos. Isso porque podemos ser diferentes sem sermos desiguais. As diferenças são as características próprias de cada pessoa. Elas estão relacionadas ao nosso modo de ser e à nossa identidade. As desigualdades estão relacionadas ao contexto social e cultural. Vamos a um exemplo bem simples. Sermos negros ou brancos está relacionado às nossas características. Trata-se de uma diferença que inclusive gera elementos culturais como danças e músicas. O preconceito e o racismo geram desigualdade.

A desconexão não é apenas a do indivíduo que não tem internet. A desconexão é entendida como a impossibilidade de conexão do indivíduo, seja com seu contexto histórico e social, seja com os outros, seja consigo. A desconexão tem como consequência um cenário com pessoas sem vínculos e sem possibilidade de realização. Podemos entender que a conexão ou a desconexão são "dois lados da mesma moeda". Isso porque, quando nos conectamos a algo, nos desconectamos de tantas outras realidades.

Mas a internet nos conecta com o quê? Nos conecta com quem? A internet traz consigo a possibilidade de conexão de culturas que antes eram desconectadas (CANCLINI, 2015, p. 211). No contexto pastoral e catequético, a internet possibilita "dar voz" àqueles que antes não a tinham. Para isso é necessário deixar de lado os pensamentos únicos da internet (CANCLINI, 2015, p. 229) , criando ambientes virtuais de partilha e publicação de diferentes experiências e ideias. Pensar diversificadamente e perceber as relações entre as diversidades é um caminho para uma internet mais intercultural.

Uma sociedade pode ser diversa sem, contudo, ser multicultural (CANDAU, 2018, p. 42). Quando isso acontece? Quando não há consciência da diversidade cultural nem respeito a ela. Hoje se fala também de uma interculturalidade, em que as culturas, além de serem múltiplas, estão em relação, embora muitas vezes os termos multiculturalismo e interculturalismo sejam utilizados como sinônimos (CANDAU, 2018, p. 44).

Podemos falar de uma catequese intercultural? Podemos, se entendemos que os processos catequéticos falam as realidades concretas das culturas que vivemos. Desde a década de 1980, com o documento da CNBB Catequese Renovada, valoriza o princípio da interação entre fé e vida, ou seja, a catequese fala à vida que por sua vez é espaço para o nosso compromisso cristão.

A catequese pode ser espaço privilegiado para a valorização de iniciativas culturais locais que podem ser veiculadas na internet, local de intercâmbio cultural da sociedade em que vivemos. Na internet as culturas se apresentam, se misturam e constituem uma nova cultura, a cibercultura que por sua vez é facilmente assimilada pelas novas gerações.

2.12 Papéis sociais e identidades

O ser humano se organiza em sociedade. Mesmo que assumamos que seria possível alguém viver fora da sociedade, sabemos dos malefícios psíquicos, relacionais e organizacionais que o isolamento acarreta ao ser humano. Fazendo parte de uma sociedade, o indivíduo busca adaptar-se ao convívio, sobretudo, desempenhando papéis sociais. Também ao se inserir em uma sociedade o indivíduo constrói sua identidade. O papel assumido como aceitável por uma sociedade descreve o comportamento apropriado enquanto a identidade está relacionada à capacidade de se inserir socialmente (KESSING & STRATHERN, 2014, p. 43).

Como exemplo de papel social podemos tomar as profissões como o médico ou o professor ou ainda as funções como a mãe e o pai ou ainda o padre ou o catequista de uma comunidade paroquial. Sabemos aquilo que a sociedade permite ou não a cada uma destas pessoas, no exercício de sua função ou profissão. Assim quando uma família abandona uma criança, entendemos como algo errado, não somente porque achamos que a família é má, mas entendemos, dentro da nossa cultura, que esse papel social é inaceitável. Também quando um homem assedia uma mulher, entendemos como um comportamento inaceitável. Assim o papel social está relacionado com o modo como cada pessoa exerce sua presença na sociedade ou no grupo em que vive, construindo sua identidade.

O conceito de identidade é entendido como característica relacionada à construção do sujeito, sobretudo na relação que este sujeito estabelece com o seu local. No fundo, a identidade se constitui à medida que o sujeito se constrói, ou seja, a identidade é fruto do modo como nos relacionamos com a realidade social e cultural onde vivemos. Vários são os autores que trabalham com o conceito de identidade e, mencioná-los aqui, com suas teorias e ideias, nos ajudará a entender, posteriormente, como a identidade cristã se constitui, inclusive no ambiente virtual.

Para o filósofo indiano Homi Bhabha a identidade "nunca é a afirmação de uma identidade pré-estabelecida, nunca uma profecia autocumpridora – é sempre a produção de uma imagem de identidade e a transformação do sujeito ao assumir aquela imagem" (2013, p. 84). Assim Bhabha rompe com a ideia essencialista de identidade, que acredita se construir quando se alcança uma essência, um status. Se tomarmos a ideia de uma identidade cristã, podemos dizer que construímos nossa identidade à medida que buscamos entender o que significa ser cristão na realidade concreta que vivemos.

> **Status** é uma palavra relacionada ao modo como uma sociedade enxerga o indivíduo. Geralmente utilizamos a palavra para dizer de uma posição dentro da sociedade. Na internet é utilizada para identificar se um usuário de rede social está online, ou seja, se está utilizando um aplicativo ou rede social, ou se está offline.

Stuart Hall, filósofo jamaicano, apresenta uma concepção de identidade relacionada com a construção do sujeito social. A identidade se constrói na relação do sujeito com o mundo exterior a ele (2014, p. 11). No campo cristão podemos entender, então, que a identidade não se dá por uma essência definida em algum momento da história, mas pelo modo como o cristão se constrói como tal na relação com o local onde está situado. Sintetizando a concepção sociológica da identidade a partir do entendimento do sujeito moderno, Hall a apresenta como diálogo entre o interior do sujeito e o exterior a ele, entendido como a cultura e a sociedade.

É importante, tratando-se da identidade cristã, de não a resumir ao papel social do cristão, mas de entender que ela se formula a partir da relação com o contexto histórico. Para Castells há distinção entre os papéis sociais e a identidade, visto que os papéis são definidos pelas instituições e organizações da sociedade enquanto a identidade acontece como consequência do processo de internalização, construindo significado em um processo de construção simbólica (2018, p. 54-55).

A identidade está relacionada com o modo de ser cristão no mundo em que vivemos. Ao trazer elementos de sua experiência cotidiana junto aos seus grupos, o catequizando pode apresentar situações nas quais a sua vivência cristã se concretiza.

Essas situações podem ser exploradas de diversas formas, solicitando aos catequizandos para que utilizem de seus próprios aparelhos tecnológicos para elaborar podcasts, ou vídeos, e expressar a sua experiências cristã. A utilização dessas tecnologias facilita a comunicação dos catequizandos por serem instrumentos já inseridos em seus cotidianos.

O processo de construção da identidade pode também ser entendido como processo de identificação, construído a partir da relação do indivíduo com o outro, visto que o sujeito vive a necessidade de corresponder a conceitos previamente estabelecidos (MAFFESOLI, 2010, p. 267). No âmbito social o sujeito se depara com condições preestabelecidas como classe social, gênero, categorias socioprofissionais dentre outros vários parâmetros que lhe são colocados (MAFFESOLI, 2010, p. 268) e é na relação com aquilo que é anterior a ele que o sujeito constitui sua identidade.

No âmbito cristão podemos entender que a identidade não acontece de maneira mágica. Ao sermos batizados assumimo-nos como membros da comunidade cristã e somos assumidos como filhos de Deus. Mas é no modo como o cristão vivencia cotidianamente seu batismo, no meio das contradições da vida, que se constrói a identidade do sujeito cristão.

Nossa identidade é construída à medida que conseguimos sair do campo da simulação e nos construímos como sujeitos deste ciberespaço. A simulação projeta quem gostaríamos de ser (SPADARO, 2013, p. 89), como se fosse um referencial a ser seguido. Como no Evangelho, em Jesus e na Tradição da Igreja, assumimos um critério a ser seguido. E aqui é preciso, no entanto, diferenciar esta projeção, muito mais no campo da imaginação, de uma perspectiva de vida ou expectativa quanto ao futuro. Todos podemos sonhar e buscar a realização de nossos sonhos, mas muitas vezes construímos personagens virtuais que nos alienam justamente porque não nos permitem nos construirmos como sujeitos de nossa própria existência.

Por um novo jeito de fazer catequese

IDENTIDADES E INICIAÇÃO À VIDA CRISTÃ

A identidade é construída a partir do diálogo entre as aspirações do indivíduo, de seus desejos e anseios, e da maneira como essa pessoa busca realizar-se no contexto cultural e social em que vive. Sem um chão, sem um lugar onde vivemos, não há identidade. Assim a sociedade, a família e até a comunidade eclesial em que uma pessoa vive influência no modo como a sua identidade se constrói.

Também a identidade cristã é construída no diálogo com o contexto em que vivemos, isso porque ninguém é cristão em outro planeta ou galáxia. Somos cristãos em um contexto específico, em uma sociedade específica e é a partir dessa realidade que construímos a nossa identidade cristã.

Também a internet e o mundo virtual, como realidade que fazem parte da vida das pessoas, tornam-se ambientes nos quais a identidade cristã se constrói. Somos cristãos também na internet e os desafios e possibilidades colocadas pelo ambiente digital nos impulsionam a pensar novas formas do agir cristão. O que não muda é o Evangelho. É nele e na Tradição que nos baseamos para construirmos o modo de ser cristão que caiba em cada circunstância.

3

A CATEQUESE E A INTERNET

A internet não muda a catequese. O princípio da catequese é o mesmo: evangelizar educando e educar evangelizando, e mediante a ação de educar na fé e educar a fé, promover a iniciação à vida cristã. Esse princípio catequético não muda nem irá mudar. O que a internet muda é a maneira como, metodologicamente, desenvolvemos os processos catequéticos. E são esses processos que sempre mudam. Apenas para ilustrarmos, temos a metodologia de Jesus, que envolvia as parábolas e suas atitudes, era diferente da metodologia dos padres da Igreja com suas pregações e o diálogo com a Filosofia. No período medieval assumiu-se uma catequese mais devocional. Cada metodologia assume uma diferente linguagem desenvolvida em um determinado momento histórico, social e cultural. Hoje temos a internet como um elemento que influencia os processos catequéticos. É o único deles? Não! Mas aqui buscaremos tratar de como a realidade da internet influência nos processos catequéticos.

Antes, porém, é preciso dizer mais uma vez que nossos interlocutores mudaram, e continuarão a mudar. E que ainda, nossos catequizandos são diferentes e aprendem de maneira diferente. Por isso, a seguir falaremos brevemente das múltiplas inteligências, para contextualizar a catequese frente a realidade virtual.

3.1 Nossos catequizandos aprendem de maneira diferente

Na reflexão que estamos fazendo sobre catequese e internet, muito poderá nos iluminar a teoria das múltiplas inteligências, onde uma equipe de pesquisadores da Universidade de Harvard, liderada pelo psicólogo Howard Gardner, afirmava não ser suficiente o conceito tradicional de inteligência adotados para os famosos testes de Q.I. (Quociente de Inteligência), que determinavam o nível de inteligência de um indivíduo. Gardner dizia que o ser humano tem várias habilidades cognitivas e que, portanto, aprende de maneiras diferentes. Uma criança, por exemplo, que tem dificuldade – isso em relação ao restante da turma – para dominar uma multiplicação simples, pode aprender melhor a multiplicar através de uma abordagem diferente, e podendo ela ser excelente em uma disciplina fora do campo de exatas. A teoria afirma, desse modo, que uma pessoa que facilmente aprende a multiplicar números, não é necessariamente mais inteligente do que outra que tenha outras habilidades em outro tipo de inteligência.

Desse modo, Gardner e sua equipe listaram oito diferentes tipos de inteligência:

1 - **Inteligência linguística**: É a capacidade de se comunicar e de dominar a linguagem, não só oral, mas a outras formas de comunicação como a escrita, gestual, entre outras. Algumas profissões enfatizam esse tipo de inteligência como os escritores, poetas e jornalistas.

2 - **Inteligência lógico-matemática**: É a capacidade de raciocínio lógico e resolução de problemas matemáticos. Destacam-se neste tipo de inteligência: cientistas, economistas, acadêmicos, engenheiros e matemáticos.

3 - **Inteligência espacial**: É a capacidade de formar imagens mentais de um modelo espacial e ser capaz de manobrar e operar utilizando esse modelo. Ainda de observar o mundo e os objetos em diferentes perspectivas. Como exemplo, pode ser citado os marinheiros, cirurgiões, pintores, escultores, fotógrafos, *designers*, publicitários, arquitetos, e outras profissões que exigem criatividade.

4 - **Inteligência musical**: É a capacidade voltada para possuir o dom da música. Os mais favorecidos neste tipo de inteligência são aqueles capazes de tocar instrumentos, ler e compor peças musicais com facilidade, como por exemplo, Mozart.

5 - **Inteligência corporal e sinestésica**: Capacidade de resolver problemas ou elaborar produtos utilizando o corpo inteiro, ou partes do corpo. Ainda a capacidade de usar ferramentas. Exemplos: dançarinos, atletas, artistas e até mesmo cirurgiões e artistas plásticos, pois todos eles precisam usar racionalmente as suas capacidades físicas.

6 - **Inteligência intrapessoal**: Capacidade correlativa, voltada para dentro. Capacidade de formar um modelo acurado e verídico de si mesmo e de utilizar esse modelo para operar efetivamente na vida.

7 - **Inteligência interpessoal**: Capacidade de compreender outras pessoas, o que as motivam, como elas trabalham, como trabalhar cooperativamente com elas. É uma inteligência que possibilita interpretar palavras, gestos, objetivos e metas subentendidos em cada discurso e de aprimorar a capacidade de empatia. Vendedores, professores, psicólogos, terapeutas, advogados e líderes religiosos se destacam nesse tipo de inteligência.

8 - **Inteligência naturalista**: Detecta, diferencia e categoriza as questões relacionadas com a natureza, ao clima, à geografia a aos fenômenos naturais.

Esta oitava inteligência foi acrescentada posteriormente por Gardner, por considerar uma categoria essencial para a sobrevivência do ser humano e de outras espécies.

Conscientes destas oito categorias, é importante saber que Gardner afirma que todas as pessoas possuem cada uma dessas inteligências, desenvolvidas em graus diferentes, e que tais categorias têm a mesma importância, não sendo uma mais valiosa do que a outra. Deste modo, em nossa prática catequética e de iniciação à vida cristã, não é possível ter apenas um tipo de abordagem, é preciso estratégias que privilegiem todos os tipos de inteligência, vindo ao encontro com as mais diversas formas de aprendizagem.

Sendo assim, na organização dos encontros de catequese, é preciso ora pensar nos que são auditivos, propondo músicas e mudança na tonalidade da voz; para os espaciais e sinestésicos, propondo abordagens que reterão mais sua atenção e assim em diante, privilegiando sempre algumas das oito categorias elencadas. Nesse quesito, sem dúvida nos ajudará a internet, como uma ferramenta que ampliará as possibilidades de acessar todos os níveis de inteligência e de aprendizado. Desta forma, é urgente o catequista, como já foi dito, conhecer o universo dos seus catequizandos, e propor além de catequeses híbridas (parte presencial e parte online), atividades utilizando dos meios digitais.

Para ilustrar um tema refletido no encontro, o catequista poderá pedir que vejam um vídeo "x" ou "y" no YouTube, ou que produzam um vídeo com uma mensagem "z" para ser postada em suas redes sociais. Um grupo poderá se responsabilizar em preparar a oração inicial no próximo encontro, e o canto sugerido poderá ser enviado por um aplicativo de mensagem, para que possam aprender e ensaiar. Tais atividades, além de explorarem instrumentos metodológicos mais próximos dos catequizandos, possibilitam que o processo catequético não se limite ao encontro de catequese.

A Teoria das Múltiplas Inteligências nos provoca a compreender que não dá mais para fazer catequese do mesmo jeito, que não dá para ter uma única abordagem ou esquema. Pensando nas diversas formas de aprendizado e de linguagem, a internet poderá ser uma grande aliada no processo de iniciação à vida cristã, e nós catequistas precisamos urgentemente adentrar nesse universo.

3.2 A catequese é comunicação

A missão da Igreja é comunicar ao mundo a Pessoa e a Palavra de Jesus. Nessa missão, tem lugar privilegiado a catequese, como lugar de interação e de troca de informações e de comunicação do Evangelho. Cada integrante desse processo, seja o catequista, o padre da comunidade paroquial, os agentes de pastoral, a família e o próprio catequizando, tornam-se parte integrante dessa dinâmica da comunicação e interação com Deus e sua Palavra.

Diante disso alguns elementos são fundamentais para que a catequese cumpra a sua função: A centralidade da Palavra de Deus, fonte de toda mensagem; a fidelidade, a doutrina e a tradição da Igreja; a integração com a vida litúrgica da comunidade, favorecendo o encontro pessoal e comunitário com Jesus Cristo, numa dinâmica interativa, com diálogos, vivências e trocas de experiências, evitando o estilo escolar (cf. CNBB, Doc. n. 107, 167). Tendo claro a mensagem a ser comunicada, o catequista poderá valer-se das novas tecnologias e das redes sociais para desenvolver os encontros de catequese e propor atividades complementares.

Nessa dinâmica, o Documento 107 da CNBB, n. 186 e 187, nos recorda o cuidado que devemos ter com a linguagem, afirmando que o nosso tempo é marcado pela civilização da imagem, e que a linguagem audiovisual adquiriu um lugar relevante na sociedade, especialmente pelas redes sociais, e a Igreja não pode estar alheia a essa realidade:

> A Igreja precisa de uma linguagem adequada para comunicar a fé cristã. Atenção especial seja dada à interatividade, interconexão e a valorização das experiências vividas, veiculadas pelas redes sociais. Em sua missão, a Igreja necessita tanto garantir uma linguagem que seja expressão de sua fé quanto assumir criativamente novas linguagens significativas para as pessoas. Urge anunciar o Evangelho pelas mídias, bem como denunciar os contravalores e as mensagens negativas difundidas por elas. (CNBB, Doc. n. 107, 187).

Nessa mesma perspectiva, o Diretório para a Catequese, publicado no ano de 2020, pelo Pontifício Conselho para a Promoção da Nova Evangelização, abordou a temática das linguagens e as ferramentas digitais nos n. 213-217, afirmando que as novas tecnologias da informação e comunicação, e as mídias e dispositivos sociais contribuem para o trabalho comum e a troca de conhecimento e experiências, além de solicitar que:

As comunidades estejam comprometidas não só a enfrentar esse novo desafio cultural, mas também a corresponder às novas gerações com as ferramentas já hoje de uso comum na didática. Também é prioritário para a catequese educar ao bom uso dessas ferramentas e a uma compreensão mais profunda da cultura digital, ajudando a discernir os aspectos positivos dos ambíguos. O catequista de hoje deve estar consciente de quanto o mundo virtual pode deixar marcas profundas, especialmente nas pessoas mais jovens ou mais frágeis, e quanta influência podem ter na gestão das emoções ou no processo de construção da identidade.

Deste modo, o Diretório da Catequese destaca duas importantes ações que devem integrar as práticas catequéticas: A primeira é de aproveitar das novas tecnologias e integrá-las como aliadas a evangelização, seja nos encontros de catequese com os mais variados recursos didáticos disponíveis ou pós-encontro, com atividades complementares, sempre adequando a linguagem aos novos interlocutores. A segunda, de educar catecúmenos e catequizandos para o uso sadio das redes, buscando uma postura comprometida com os valores cristãos (éticos e morais), e alertando para os riscos psicológicos e mentais de uma longa exposição a realidade virtual.

3.3 Catequese e a cultura digital

Dentre tantas outras informações que o Diretório para Catequese traz, apresenta-se alguns ricos parágrafos sobre a catequese e a cultura digital (DC, n. 359-372). O documento expressa o entendimento da Igreja de que a internet não é apenas um instrumento que utilizamos, mas de que vivemos em uma cultura digitalizada (DC, n. 359). Dessa forma, nos leva a refletir sobre algumas questões:

3.3.1 Mudança de cultura

A internet é caracterizada pelo Diretório como uma grande ágora. Na Grécia Antiga, as cidades tinham uma praça, chamada de ágora, onde os cidadãos discutiam as questões relativas à vida política. Simbolicamente a ágora foi assumida como modelo da vivência democrática, onde as pessoas têm o direito de participar das discussões. Contudo, somente os cidadãos participavam das discussões da ágora. As cidades eram autônomas e diferentes, mas, em geral, estrangeiros, mulheres e escravos (no caso da Grécia, sempre por dívida), não tinham o direito de participação.

A internet também é esta grande ágora. Mas todos têm acesso a este ambiente e às discussões que são propostas? Todos se relacionam com ela da mesma forma? É bem claro que não. Há quem não tenha acesso à internet por falta de condições financeiras e materiais e há quem não se sinta capacitado para interagir com as novas tecnologias. O entendimento da exclusão digital pede um pensar e agir para uma inserção das pessoas no ambiente virtual, de modo que possam participar e tornar-se agentes.

Já tratamos aqui neste livro da exclusão digital e do *cyberbullying*, situações apontadas pelo Diretório como desafiadoras, assim como também são desafios a pornografia na internet e até mesmo os jogos de azar (DC, n. 361). Mas o Diretório aborda, ainda, o uso equivocado da internet e propõe a catequese como ambiente propício para cultivar a atitude de responsabilidade cristã também nos meios digitais.

O Diretório trata também da realidade dos jogos online (DC, n. 361) que, em si, não é um problema. Mas muitos jovens e adolescentes perdem a vida social e a comprometem a saúde física e mental com excesso de jogos e do tempo em que permanecem online, seja no smartphone ou no computador. Também as crianças com acesso aos smartphones e tablets cada vez mais cedo se acostumam com os jogos online e devem ser acompanhadas pelos familiares para que não caiam no excesso e na dependência. A internet e as novas tecnologias não podem construir uma realidade paralela ou impedir que o jovem tenha vida social, mas podem ajudá-los a se conectar com as pessoas e com a informação e o conhecimento.

3.3.2 Catequese na era digital

Duas são as características relacionadas aos processos de iniciação cristã das novas gerações: a pertença eclesial e a vivência da fé (DC, n. 370). Neste processo de pertencimento à comunidade cristã o maior desafio é o de levar o catequizando ao amadurecimento da fé (DC, n. 370). Tanto nossa participação comunitária quanto o modo como vivemos a fé estão relacionados com a catequese. A Igreja no Brasil tem abordado a questão do amadurecimento da fé a partir do termo sujeito cristão (CNBB, Doc. 100) e entende que a catequese deve possibilitar o amadurecimento do catequizando de modo que ele assuma o ser e o agir cristão, também na internet.

Na perspectiva do Diretório não se trata apenas de utilizar a internet para evangelizar, mas de estar presente neste universo que é a internet (DC, n. 371). O documento aponta ainda para a necessidade de uma catequese personalizada, mas não individualista (DC, n. 372). A catequese, quando acontece ou se utiliza dos meios virtuais, deve visar sempre a participação eclesial e litúrgica. A experiência virtual deve ser vista como um meio para um fim que é a iniciação à vida cristã.

E quais as orientações práticas colocadas pelo Diretório? É justamente essa a questão que deve ser pensada. O Diretório não fala de como realizar ou organizar uma catequese que envolva pedagogias digitais. Mais que isso, trata-se de pensar e realizar uma catequese que fale da vida humana e, assim sendo, também da cultura digital.

Uma advertência é importante. Não podemos resumir a internet a um tema que será abordado na catequese. É certo que, muitas vezes, o assunto catequese irá fazer parte dos encontros e isso acontecerá porque ela faz parte da vida dos catequizandos. A catequese acontece pela relação entre catequizando, catequista e a comunidade cristã. Como a vida do catequizando contempla sua ação no ciberespaço, a catequese acontecerá também nesse ambiente e por vezes irá abordar temáticas próprias da internet.

Essa relação deve ser natural. Como dizemos no dia a dia, não se trata de invencionices que transformam a catequese em uma infinidade de mensagens que os catequizandos recebem no smartphone. Vamos ser honestos e assumir que é cansativo quando recebemos muitas mensagens. O catequista não deve transformar o uso das tecnologias em uma comunicação estressante. A utilização das tecnologias e da internet deve ser estratégica de modo que o catequizando perceba que ele está em relação com a comunidade cristã.

Somos catequistas o tempo todo e não apenas durante o encontro de catequese, assim como somos cristãos sempre e não apenas quando vamos à missa ou às atividades da comunidade. O testemunho do catequista no modo como utiliza as redes sociais e a internet também faz parte do processo catequético. Se seus catequizandos são seus amigos e seguidores nas redes sociais, saiba que eles serão influenciados por suas postagens. Buscar uma coerência de vida, de pensamento e de atitudes também faz parte do processo catequético. Um alerta é que o catequista deve dar testemunho, buscar a santidade. Mas isso não significa que os catequizandos, suas famílias e a comunidade eclesial devam ser vigilantes do comportamento do catequista. Trata-se de entender que, tudo o que fazemos, postamos ou comentamos, revela nossas convicções e gera consequências positivas e negativas.

3.4 A internet entra no encontro de catequese

Para o catequista, o grande desafio é participar da vida do catequizando e não só do encontro de catequese. A vida dos catequizandos de hoje é repleta de elementos virtuais. Faz um ótimo trabalho catequético aquele catequista que consegue perceber e participar da vida de seus catequizandos. As redes sociais, por exemplo, podem fazer parte do processo catequético estabelecendo um diálogo entre o catequista e o catequizando.

Acreditamos que ser um catequista antenado com a realidade cibernética e virtual significa muitas vezes usar o computador no encontro de catequese. É muito mais do que isso. É perceber quais são os hábitos dos catequizandos para que o processo catequético possa acontecer a partir das situações vividas por eles. Porém, um cuidado é importante: o catequista não pode fazer uso das redes sociais para vigiar as ações dos catequizandos, usando-os como exemplo no encontro de catequese. A reflexão sobre a vida deve se sobrepor ao julgamento e o amadurecimento acontece sempre aos poucos.

Poderia um encontro de catequese acontecer por uma rede social? Por que não? Sem hora marcada esse encontro pode acontecer quando o catequizando percebe que seu catequista participa dos mesmos aplicativos, grupos de relacionamentos ou redes sociais, possibilitando a interação entre eles. É claro que para o catequista, o processo de inserção nessas redes pode ser mais lento, já que os catequizandos, muitas vezes, já nasceram na era virtual. Em todo caso, participar das redes sociais e aplicativos não pode ser mais uma tarefa atribuída para o catequista, mas deve ser um artifício aproveitado quando já faz parte da vida dele.

Um cuidado! Não podemos excluir aqueles que não têm acesso às redes. Apesar de o computador e a internet serem realidades cada vez mais comuns, ainda existe quem não tenha acesso a esses instrumentos. A atitude de Jesus foi sempre de inclusão (cf. Mc 10,46-52) e nós devemos também trabalhar em perspectiva inclusiva. O catequista precisa ter a sensibilidade de nunca excluir ninguém, seja catequizandos, seja outros catequistas.

3.5 Uma mudança de mentalidade

Estamos num encontro de catequese. Num determinado momento o catequista pede aos jovens que peguem suas bíblias. Percebe que um deles não a trouxe. O catequista fica atordoado e desconfiado quando esse jovem pega seu celular e diz que nele há um aplicativo com todos os livros da Bíblia. O catequista vive um sentimento estranho e contraditório. Num primeiro momento não sabe se pede que o catequizando guarde o celular ou deixa que ele o use. Essa história é real e cada vez mais comum em nossas comunidades.

Vivemos na geração cibernética. Tudo o que precisamos está acessível nos i-Pod, i-Pad, smartphone, notebook. Não nos cabe dizer qual deve ser a atitude do catequista. Ele tem autonomia para saber qual a melhor postura e decisão. O que é importante perceber é que estamos num tempo de mudanças. Não temos mais a pretensão de uniformidade de tempos atrás onde todos os catequizandos eram convidados a se comportar do mesmo modo. Também não nos cabe lamentar. Se assumimos a postura de julgar o comportamento virtual dessa nova geração, nunca a entenderemos e nunca conquistaremos a simpatia delas. A reflexão é boa e nos ajuda a entender nossos catequizandos. A lamentação não nos ajuda em nada. Apenas nos afasta deles.

Talvez alguns catequistas fiquem preocupados. Eles podem achar que os catequizandos ainda não tenham a maturidade suficiente para fazer bom uso desses instrumentos e, ao invés de participarem do encontro de catequese, possam ficar trocando mensagem ou navegando pela internet. Muitos serviços públicos são disponíveis somente pela internet e cada vez mais utilizamos este instrumento para as questões práticas. A pandemia do coronavírus nos fez perceber o quanto conseguimos resolver questões pela internet, por mais que ela não substitua a presença física.

Diante da internet e de suas mudanças não podemos assumir uma postura de extremos. Não se trata nem de acreditar que a internet resolve tudo, tampouco devemos acreditar que é possível simplesmente ignorar qualquer tecnologia relacionada à internet. É triste quando vemos um jovem ou adolescente que deixa de se alimentar para passar horas em jogos online. Também é preocupante quando percebemos o quanto somos dependentes dos smartphones, e quando percebemos que uma mensagem chegou, ficamos inquietos querendo ver do que se trata ou quem a enviou.

Por outro lado, não podemos simplesmente ignorar a importância do acesso à internet. Aqueles que, de alguma maneira, decidem não ter nenhuma forma de acesso às redes, acabam perdendo a possibilidade de conhecimento, de encontrar pessoas conhecidas e até mesmo de manter contatos familiares. As pessoas também podem ter na internet a possibilidade de encontrar emprego ou mesmo, como já dissemos, ter acesso a serviços públicos.

Aqui cabe muito bem a fala de Jesus que diz que temos que pôr "vinho novo em odres novos" (Mc 2,22). Caro catequista, às vezes é necessário renunciar ao nossos odres velhos. Caso contrário, eles não suportam o vinho novo, se rompem e todo o vinho se perde (cf. Mc 2,18-22). Será que queremos que a catequese seja nos moldes passados? Talvez a forma como fomos catequizados fosse a melhor naquele momento. As coisas mudam e não podemos querer que nossos catequizandos sejam catequizados nos mesmos moldes. Do mesmo modo, quando nossos catequizandos decidirem ser catequistas, precisarão se inteirar da nova realidade vivida por seus catequizandos. A realidade de hoje é marcada pelo mundo virtual, das redes sociais e da informação rápida. Saber disso já é um grande passo para nos aproximarmos de nossos catequizandos.

Por um novo jeito de fazer catequese

ABRIR-SE ÀS POSSIBILIDADES

Cada período histórico pede estratégias pastorais diferentes. Novas situações pedem novas estratégias. Não podemos ter uma catequese como a de tempos atrás acreditando que chegaremos aos mesmos resultados; isso porque a catequese não é um fim em si, mas um meio que tem como objetivo a iniciação à vida cristã.

A reflexão que aqui fazemos em relação aos processos catequéticos e à internet poderia ser feita em relação a vários outros assuntos. Por isso, não podemos entender que agora toda a catequese deve falar da internet ou utilizar suas ferramentas. Mas entendemos que como a internet faz parte da vida cotidiana, precisa estar inserida nos processos.

Desde o Concílio Vaticano II e depois com seus desdobramentos, sobretudo na catequese, passamos a assumir novas estratégias. A interação entre fé e vida, assumindo uma linguagem própria do catequizando busca proporcionar uma vivência cristã.

Em um mundo onde se intensificam as relações online, como entender situações novas como o *cyberbullying*, as *fake news*, a cultura do cancelamento e a responsabilidade cristã nos meios digitais? Como entender a vivência dos mandamentos neste contexto virtual? E como entender a própria vivência eclesial em um mundo onde a internet predomina? Devemos conservar tudo como era antes do surgimento da internet? Seria muito inútil visto que a internet faz parte da vida das pessoas. Então nos renderíamos à internet? Também não, pois nem tudo são flores neste ambiente. O segredo é o do diálogo que busca entender a situação e a conduta cristã.

A internet criou uma nova geração que pede novas estratégias catequéticas. Aos poucos os catequistas precisam se preparar para responder a essas novas demandas. O exemplo da Bíblia pode ser o mais evidente. Cada vez mais teremos catequizandos que deixam de ter a Bíblia impressa em papel para tê-la no aplicativo do smartphone. Este pequeno aparelho já modifica a própria dinâmica da catequese e isso não pode ser ignorado.

3.6 Interatividade, comunhão e participação

Uma das características mais marcante das novas gerações é a interatividade. As gerações passadas assistiam televisão sem participar. Hoje os programas de televisão colocam votações no ar. Os *reality shows* trazem votações para que o público diga quem continua participando ou não. Outro exemplo é o jornal. O impresso, característica das gerações antigas, trazia a notícia pronta, e o leitor tirava suas conclusões. Hoje, as notícias na internet trazem espaço para comentários e opiniões. Não há mais espaço para sermos apenas passivos ouvintes ou espectadores. Queremos participar. No encontro de catequese não é diferente. Já foi o tempo que o catequista era o "dono da verdade". Mais que nunca, ele se torna um propositor de caminhos e perspectivas e caminha junto com os catequizandos. A diferença está justamente na caminhada que o catequista já tem em sua maturidade.

Os catequizandos vivem essa situação em suas vidas cotidianas. São da geração que não quer apenas receber uma mensagem, mas quer respondê-la e compartilhá-la, quer dar sua contribuição, falar do filme que assistiu ou na notícia que leu. Quer falar do programa de TV e do último "vidiozinho que bombou na net".

O catequista deve se preparar para poder falar desses assuntos. O encontro de catequese pode ser muito mais prazeroso quando fala daquilo que vivemos.

A Igreja não está apartada fora da sociedade. Estamos no mundo e somos chamados a ser sal e luz neste mundo (Mt 5,13-14), dialogando com suas expectativas, sentindo suas dores e angústias, assumindo uma postura de serviço. Somos cristãos católicos, do grego *katholikós*, que diz respeito a uma Igreja aberta a todos. No início, nas Escrituras, poderíamos ver a abertura aos "gentios", termo utilizado para se referir àqueles que não eram judeus. Não podemos reduzir o catolicismo a uma instituição. Antes, devemos entendê-lo como uma dimensão eclesiológica de uma Igreja aberta e misericordiosa, que acolhe. Trata-se da catolicidade do cristianismo!

O Papa Francisco fala da necessidade de uma Igreja em saída, de um cristianismo que vai ao encontro das pessoas e de suas motivações, necessidades e angústias. Para isso ele utiliza a metáfora de evangelizadores com "cheiro de ovelhas" (*EG*, n. 24).

3.7 Aproximar-se da realidade do catequizando

Se o catequizando vive imerso nesta realidade cibernética (e esperamos que não submerso!), para se comunicar com ele o catequista precisa conhecer esta realidade. Não há comunicação entre catequizando e catequista se os dois não participam, minimamente, de uma mesma cultura, assumindo uma linguagem comum. Em outras palavras, não dá para se comunicar com o catequizando se o catequista não o conhece.

E como podemos fazer essa aproximação com o nosso catequizando e a realidade da internet? Jesus nos ensina. Ele falava através de parábolas que traziam elementos da vida das pessoas que o rodeavam. Elas eram pessoas do campo. Por isso as parábolas falam de animais (as ovelhas de Jo 10; Lc 15,4-7), plantas (a semente de mostarda de Mc 4,30-32) e agricultura (o semeador de Mc 4,19; Mt 13,1-9; Lc 8,4-8). A essa atitude de assumir elementos de uma determinada cultura no processo de evangelização a Igreja chama de inculturação.

Inculturação

É um termo que ganhou força com a conferência do CELAM (Conselho Episcopal Latino-americano) que aconteceu em 1992 em Santo Domingo. Ao evangelizarmos, não somos nós que levamos Deus a uma pessoa ou povo. Deus já estava naquele lugar e com aquelas pessoas. Se Deus já está nas pessoas, culturas e povos, será que, mesmo que não sejam cristãos, não há neles nenhuma marca de Deus? Claro que há. Inculturação seria, então, evangelizar a partir das características de cada cultura, percebendo os sinais do Evangelho que já se fazem presentes, estabelecendo pontos de interação e diálogo.

Você catequista sabe quais músicas seus catequizandos escutam? Quais são os seus cantores preferidos? As canções, mesmo que não façam parte do universo religioso, podem ser uma ótima porta de entrada para vários assuntos trabalhados na catequese. Muitas vezes, quando mostramos que nas músicas pode haver mensagens boas, mesmo que elas não falem de Deus, ajudamos nossos catequizandos a perceberem a ação de Deus em suas vidas. Claro que existem músicas que ferem nossos princípios cristãos. O catequista deve se despir do preconceito e ver com discernimento aquelas que trazem boas mensagens.

De tempo em tempo, talvez uma vez por semana ou a cada quinze dias, busque escutar músicas indicadas por seus catequizandos ou mesmo por seus familiares jovens e adolescentes. Conhecer os cantores e as músicas escutadas por eles, ajuda a conhecer suas ideias e perspectivas. Algumas músicas irão despertar seu interesse. Outras provavelmente não. Mas o importante é se propor um exercício de empatia e não um ato de julgamento.

Uma boa opção também é ver clipes. Muitas músicas têm abordagens interessantes quando transmitidas para as telas. Um instrumento interessante são os sites de vídeos que trazem vários clipes. Muitos clipes criam histórias que se abrem para vários assuntos bastante interessantes, relacionados com o universo catequético.

É preciso também saber quais os sites ou programas de TV da preferência dos catequizandos. Novamente dizemos, faça isso sem julgamento prévio. Essa deve ser uma atitude de aproximação do universo do catequizando. Com o tempo, ele próprio tira suas conclusões daquilo que é bom ou não da televisão ou da internet.

3.8 O uso de novas tecnologias faz do encontro de catequese melhor?

Isso é muito relativo. Não é porque usamos um projetor ou levamos um aparelho de som e tocamos música que o nosso encontro será mais moderno ou próximo da realidade dos catequizandos. O segredo é a harmonia que só existe com o bom-senso e a experiência do catequista. O ideal é que, quando, por exemplo, usamos uma música, o catequizando nem percebe que deixamos de discutir a música e passamos a falar da pessoa de Jesus. Isso só é possível com a experiência do catequista. Por isso mesmo, o que faz de um encontro bom ou não será sempre a dedicação e o empenho do catequista, que busca dinamizar o encontro de catequese dialogando com o tema proposto. Ninguém nunca será catequizado no contato com um computador ou pela internet. Nada substitui a presença da comunidade e a relação com as pessoas.

O uso das tecnologias tem como objetivo nos aproximar da realidade vivida por nossos catequizandos para que a mensagem do Evangelho se faça presente na vida e na realidade deles. A catequese é meio para que Deus se achegue. É como acontece quando tomamos água. O copo serve para facilitar o acesso à água. Ele é meio. O importante é a água e a saciedade. Quando estamos com sede, o menos importante é se a água vem num copo de plástico ou numa taça de cristal. O importante é saciarmos nossa sede. Se somos meio, devemos nos dedicar para fazer nosso trabalho da melhor maneira possível para que Deus tenha todos os meios para se comunicar.

Nossa percepção é a de que mudam os instrumentos e as ferramentas, mas geralmente trabalhamos ideias muito parecidas das que tínhamos há tempos. Em gerações passadas, quando trabalhávamos um determinado assunto com os catequizandos, poderíamos pedir para que eles fizessem um cartaz, ou pensassem um breve teatrinho ou, ainda, formávamos uma roda de conversa onde os catequizandos poderiam partilhar suas ideias. No fundo ainda podemos pedir o cartaz, mas ele nem sempre é feito em papel. Há plataformas na internet que permitem a construção de mural coletivo. Talvez o mais conhecido seja o Padlet. Há alguns que são pagos, mas quase todos têm uma versão gratuita que permite a participação de várias pessoas. A ideia desses murais é ser um local onde os catequizandos podem postar suas ideias.

Outra opção é pedir para que eles gravem podcasts sobre um determinado assunto. Os podcasts são áudios gravados por eles que podem ser feitos por qualquer smartphone, mesmo pelo mais simples, e podem ser compartilhados com a turma de catequese fora do encontro. E por que não criar um perfil no Facebook ou Instagram da turma? Claro que isso deve ser feito respeitando a liberdade do catequizando e, dependendo da faixa etária deles, respeitar a necessidade da autorização dos responsáveis. De modo geral a catequese pode estimular os catequizandos a postarem mensagens, fotos e vídeos que dialoguem com os temas trabalhados na catequese. Sem dúvida a internet e o uso das novas tecnologias é um espaço que precisa ser ocupado.

> **Podcast** é a publicação de um áudio que busca compartilhar um conteúdo ou uma reflexão ao ouvinte. Ele se assemelha a um programa de rádio em que podemos escutar alguém desenvolvendo suas ideias ou conteúdo, mas geralmente o podcast é veiculado em aplicativos como o Spotfy ou Deezer, mas também em plataformas como YouTube ou pode ser simplesmente compartilhado por meio de aplicativos de conversa.

Muitos destes aplicativos ou plataformas são utilizados pelos alunos nas escolas e mesmo entre os colegas. Por isso é importante a postura de curiosidade do catequista para saber quais são os instrumentos e ferramentas que podem ser utilizados nos encontros de catequese.

Por um novo jeito de fazer catequese

DINAMIZANDO O ENCONTRO DE CATEQUESE

As ferramentas presentes na internet servem para estabelecer um diálogo entre os processos catequéticos e a realidade vivida pelo catequizando. Trata-se de assumir uma linguagem própria do catequizando. Estas ferramentas servem também para dinamizar os encontros de catequese.

Mas como podemos dinamizar o encontro de catequese? Dinamizar significa dar dinâmica, dar movimento. Dinamizamos um encontro de catequese quando damos movimento, ou seja, quando facilitamos a discussão ou mesmo a apresentação de uma ideia. Por exemplo, quando vamos tratar da Eucaristia podemos levar um pão, colocando-o no centro da sala de catequese junto com a Bíblia e, em um determinado momento do encontro podemos partilhar este pão. Assim dinamizamos o encontro, pois oferecemos ao catequizando um elemento vivencial e simbólico.

Em geral, não começamos a preparar um encontro de catequese pela dinâmica. Esse é um erro muito comum. O catequista conhece uma dinâmica e quer utilizá-la no encontro de catequese e começa a preparar o encontro a partir daquela dinâmica. Se o tema do encontro é a anunciação do Anjo Gabriel à Maria e levamos uma dinâmica sobre o perdão, podemos criar confusão na cabeça de nosso catequizando. Por isso começamos a preparar um encontro de catequese sempre pelo tema e escolhemos as dinâmicas, texto bíblico e orações a partir do tema.

3.9 Catequese a distância?

Quando falamos da relação entre catequese e internet, logo nos vem a questão: seria possível uma catequese a distância, no estilo da educação a distância (EAD) como acontece nas faculdades? E com muita tranquilidade podemos dizer que não. Isso porque a catequese está intimamente relacionada com a vida comunitária, de se criar e constituir um vínculo afetivo.

Outro equívoco que pode acontecer em um modelo a distância é o de voltar a um discurso já superado que centra a catequese no conteúdo e não nas experiências, relações e discernimentos. Utilizar uma plataforma como mediação para a relação entre catequizandos e catequistas é possível. Durante a pandemia do Covid-19, muitas paróquias e comunidades utilizaram ferramentas da internet para realizar encontros de catequese, possibilitando, assim, manter um certo contato, dando continuidade à reflexão da Palavra e conhecimento, e aprofundamento dos temas fundamentais da nossa fé, sobretudo dos valores evangélicos. Algumas comunidades, sobretudo de cidades grandes, gostaram da experiência. Esse trabalho teve êxito, pois em muitos casos os vínculos já estavam estabelecidos, os grupos já estavam constituídos, pois o trabalho catequético que utiliza a internet tem a base da comunidade eclesial. Seria difícil pensar um trabalho catequético que não tivesse a comunidade eclesial como referência e base. É claro que num tempo de exceção, como na pandemia, essas práticas se fazem necessárias, mas sempre partindo de uma experiência de convivência e de vínculo gerado anteriormente.

Existem diferentes plataformas para a realização de reuniões online. Google Meet, TeamLink, Zoom são provavelmente os mais utilizados e contam com versão gratuita. Também é possível realizar reuniões pelo WhatsApp, pelo Skype ou pelo Microdoft Teams.

Propor uma catequese totalmente a distância e sem interação poderia trazer alguns equívocos que estariam distantes da catequese de inspiração catecumenal. O primeiro equívoco, como já dissemos, seria o de distanciar os processos catequéticos da comunidade eclesial. Por consequência, uma catequese a distância poderia ser muito individualista, centrando todo o processo em uma experiência do catequizando com Jesus que, mesmo sendo central, acontece na comunidade cristã. Ou simplesmente pensando que catequese é apenas transmitir conteúdos e todos nós sabemos que não, que a transmissão oral da fé é apenas uma das dimensões da catequese. Nesse contexto, vale a pena recordar as três principais dimensões de um processo de iniciação à vida cristã: a transmissão oral da fé, através dos encontros presenciais e/ou online, que tem como base a Palavra de Deus, a doutrina e o magistério da Igreja; a celebrativa, através da celebração da Palavra e dos sacramentos e sacramentais; e por fim a afetiva, que possibilita criar vínculo, partilhar a vida e colocando os dons e talentos a serviço da comunidade.

Mas provavelmente, você catequista que lê este livro, deve estar ansioso para saber como a internet transforma as práticas catequéticas e como isso acontece na prática comunitária. E há, sim, muitos elementos oferecidos pela internet, que podem auxiliar nos processos catequéticos. Diante disso, podemos pensar numa catequese híbrida como já sugerido.

A catequese, no modelo híbrido, propõe atividades presenciais e a distância, possibilitando utilizar-se da infinidade de recursos digitais e online para educar e transmitir a fé. Como já dito, a interação e a convivência são fundamentais e os encontros presenciais são meios privilegiados, pois geram níveis de relacionamento, de proximidade, de vínculos afetivos. Uma vez constituídos, podem ser fortalecidos através de encontros online, aproveitando das diversas plataformas disponíveis na internet. Um encontro ou dois por mês, poderia ser online? Por que não... É claro que é preciso ver a realidade de nossos catequizandos, se todos têm acesso à internet e a aparelhos que possibilitem esse acesso.

Há ainda um modelo semipresencial em que é possível propor atividades que explore redes sociais, aplicativos de troca de mensagens, plataformas que possibilitem o trabalho coletivo. Ao catequista cabe estar atualizado às nossas demandas e possibilidades, para articular os encontros presenciais com o online.

A discussão sobre qual é o melhor modelo para a realização dos encontros de catequese cabe sempre à comunidade paroquial em diálogo com as equipes diocesanas que tomam por base as orientações dos regionais, da CNBB e do Diretório de catequese. São as paróquias e dioceses que, em contato com a realidade, percebem as necessidades e os caminhos.

3.10 Liturgia e a internet

Na sagrada liturgia fazemos memória do mistério da nossa salvação, da paixão, morte e ressurreição do Senhor. Reunidos ao redor do Altar, constituímos o corpo místico de Cristo, a Igreja. Nós nos alimentamos de sua Palavra e da Eucaristia. Assim, a liturgia é o ápice "para o qual tende a atividade da Igreja e, ao mesmo tempo, é a fonte da qual emana toda a sua força" (SC, n. 10).

Sobre a presença de Cristo na Liturgia, assim nos diz a Constituição *Sacrosanctum Concillium*, n. 7:

> Merecidamente, a Liturgia é tida como o exercício do sacerdócio de Jesus Cristo. Nela, cada um a seu modo, os sinais sensíveis significam e realizam a santificação da pessoa humana e, assim, o Corpo Místico de Cristo, isto é, cabeça e membros, executa integralmente o culto público.
>
> Por esta razão, toda celebração litúrgica é ação sagrada por excelência por ser ação de Cristo Sacerdote e de seu Corpo, que é a Igreja, e nenhuma outra ação da Igreja lhe iguala, sob o mesmo título e grau, em eficácia.

Desse modo, a realidade virtual "não pode substituir a realidade espiritual, sacramental e eclesial vivida no encontro direto entre pessoas" (DC, n. 217). Porém, é cada vez mais comum nos depararmos com liturgias que são transmitidas pela TV e pela internet, sobretudo pelas redes sociais. Nos tempos de pandemia, várias comunidades passaram a transmitir a missa por seu perfil na rede social. Então, antes de tratarmos da questão dos sacramentos pela internet, é bom distinguirmos a ação evangelizadora da Igreja da administração e da vivência dos sacramentos. Não estamos tratando de uma reflexão feita pelo padre, ou um programa de Web rádio nem de um vídeo de reflexão teológica ou de um roteiro homilético ou das leituras da liturgia que são postadas na internet, mas da vivência e celebração dos sacramentos.

E essa reflexão não é nova. Hoje é muito comum, quase natural, que toda missa ou celebração de sacramento conte com o auxílio de um microfone e de uma caixa de som. Mas nem sempre foi assim. A inserção do microfone nas igrejas e nas celebrações foi problemática e conflituosa (SPADARO, 2012, p. 122-123). Os templos mais antigos, construídos antes da inserção do microfone nas celebrações, tinham uma acústica própria para que o som chegasse em todo o espaço celebrativo. Mas não pensemos que essa propagação do som tinha a mesma projeção do som do microfone. Então o microfone possibilitou uma comunicação direta entre o padre e o povo. E no fundo, as questões que queremos entender na nossa relação com a internet já foram pensadas desde que um microfone foi colocado no presbitério ou nas mãos do presidente da celebração (SPADARO, 2012, p. 122).

O catolicismo demorou para assimilar as tecnologias próprias dos séculos XIX e XX, o que aconteceu afetivamente apenas no contexto do Concílio Vaticano II. A reflexão sobre a mediação de equipamentos "artificiais" na liturgia já é refletida a um bom tempo pela ciência litúrgica, o que nos possibilita fazer algumas afirmações nos dias de hoje.

A Igreja Católica entende que é inviável vivenciarmos os sacramentos em ambiente virtual (SPADARO, 2012, p. 126). A experiência virtual é mediada por um equipamento ligado em rede, como um smartphone ou um computador. Na internet não há sacramentos, mesmo que haja experiências religiosas elas não contam com a integração entre os fiéis (*Igreja e internet*, 9). Sobre a transmissão dos sacramentos pela internet, encontramos a seguinte orientação: "O Magistério vê na transmissão de celebrações eucarísticas, como também outras celebrações, um meio de informar as pessoas sobre a liturgia e sua celebração" (CNBB, 2017, p. 67), sendo também um espaço de iniciação dos cristãos e de formação litúrgica dos fiéis.

Sacramento

A palavra sacramento deriva da palavra grega *mysterion*, que foi traduzida para o latim por dois termos – *mysterium* e *sacramentum*. Portanto, sacramento pode ser entendido como o sinal visível da realidade escondida da salvação, o Mistério. E não existe outro mistério de Deus a não ser Cristo (cf. CIgC, n. 774). Nesse sentido, o verdadeiro sacramento é Jesus Cristo, sinal visível, que revela o Pai e seu salvífico. Ele próprio é o sacramento primordial e definitivo do encontro de Deus com o seu povo. Uma vez voltando para junto do Pai, o que tinha de "sacramento visível", Cristo o transmitiu à sua Igreja, como nos afirma o Catecismo da Igreja Católica, n. 780: "A Igreja é no mundo presente o sacramento da salvação, o sinal e o instrumento da comunhão de Deus e dos homens".

Sendo a Igreja, toda ela sacramental, constituiu-se, por vontade de Cristo sete sacramentos (o Batismo, a Confirmação, a Eucaristia, a Penitência, a Unção dos Enfermos, a Ordem e o Matrimônio), sete maneiras concretas de Cristo fazer-se presente de modo mais concreto na vida dos fiéis, através da sua Igreja, atingindo "todas as etapas e todos os momentos importantes da vida do cristão: dão à vida de fé do cristão origem e crescimento, cura e missão" (CIgC, n. 1210). Os sacramentos são, portanto, sinais visíveis de uma ausência. Sete maneiras de nos tocar e de se deixar tocar ao longo de toda nossa caminhada cristã. "Sinais eficazes da graça, instituídos por Cristo e confiados à Igreja, por meio dos quais nos é dispensada a vida divina. Os ritos visíveis sob os quais os sacramentos são celebrados significam e realizam as graças próprias de cada sacramento. Produzem fruto naqueles que os recebem com as disposições exigidas" (CIgC, n. 1131).

As experiências pela internet não podem estar dissociadas da comunidade eclesial. Acompanhar as celebrações pela rádio, pela televisão ou pela internet não justifica a ausência na celebração para quem tem condições de participar fisicamente. É claro que para os que não têm condições de participar das missas de sua comunidade, seja por doença ou por limitações da idade, ou ainda pelo encarceramento ou pelas longas distâncias, o Magistério da Igreja não deixa dúvida que se assistidas com fé, têm valor salvífico. "Toda a nossa vida em conformidade com Jesus Cristo é um levar a efeito a obra da salvação, isso vale mais ainda para quem se une espiritualmente à Páscoa de Cristo, assistindo a uma missa transmitida" (CNBB, 2017, p. 68) pelos meios de comunicação social. Diante disso, é preciso dizer ainda que "nunca se devem transmitir missas gravadas" (CNBB, 2017, p. 69).

Os cristãos estabelecem vínculos entre si, partilham a vida e a experiência de fé, se colocam como discípulos que caminham juntos e, em comunidade, celebram os sacramentos. Ainda é um desafio – se não uma missão impossível – levar a experiência comunitária e sacramental para o ambiente virtual. Mas é possível, sim, entrar em comunhão com Jesus Cristo, de outras maneiras que não só pela comunhão eucarística e pela celebração dos demais sacramentos. A Igreja herdou pela Tradição uma abundância de formas de rezar e as oferece como alternativas para os que não têm possibilidade de participar fisicamente da assembleia eucarística, podendo delas participar sobretudo através da televisão e da internet. Celebrações da Palavra e a Liturgia das Horas, por exemplo, são riquíssimas maneiras de nos alimentarmos do Senhor e que poderiam e deveriam ser mais exploradas, sobretudo nas orações privadas das famílias, transformando-as em verdadeiras Igrejas domésticas.

Sendo assim, a internet não se torna um ambiente de vivência e celebração dos sacramentos, por mais que possa ser um espaço de instrução e devoção. O Espírito sopra onde quer (Jo 3,8), e pode soprar inclusive na internet. As pessoas podem, no ambiente virtual, viver suas experiências religiosas. Mas a comunidade ainda é ambiente privilegiado de comunhão com Deus, porque é ambiente privilegiado de comunhão com os irmãos.

Por um novo jeito de fazer catequese

APROXIMAR-SE DO CATEQUIZANDO

A internet mudou a maneira como nos comunicamos e vimos isso nos primeiros capítulos deste livro. Inserir as novas tecnologias no cotidiano da catequese é consequência do nosso próprio modo de vida. Do mesmo modo que não é usual utilizarmos as fichas telefônicas para fazermos uma ligação a alguém e passamos a utilizar os telefones domiciliares ou os smartphones, assimilando novas tecnologias, também a internet passou a fazer parte da nossa vida e consequentemente chega à catequese.

O uso de qualquer recurso digital no encontro e nos processos catequéticos deve ter o objetivo de aproximar o catequista do catequizando. Perder esse horizonte pode nos fazer cair na atitude de fazer de cada encontro de catequese um show tecnológico enquanto o que realmente vale é a aproximação entre catequista, catequizando, família e comunidade eclesial.

Tudo aquilo que pensamos, um podcast, uma mensagem pelo WhatsApp ou uma simples fotografia que compartilhamos deve ser um instrumento e uma estratégia de comunicação com o catequizando em uma linguagem que seja acessível e interessante para ele. Mas o que nunca deve ser perdido de horizonte é que a catequese é feita de relações e da aproximação entre catequista e catequizando.

3.11 A internet como instrumento para a catequese familiar

Há algum tempo a catequese se convenceu que não basta trabalhar com o catequizando de maneira isolada. O catequizando passa um pequeno tempo semanal com a comunidade eclesial e com o catequista, e muito mais tempo com seus amigos, na escola e com a família. Assim, pensar em uma catequese junto às famílias é essencial para um processo catequético mais eficiente.

Não é suficiente afirmar que os pais são os primeiros catequistas e cobrá-los esse papel. Uma vez que boa parte das famílias não recebeu a devida iniciação, dificilmente essas famílias terão elementos e consciência para serem os primeiros catequistas dos filhos. Desta forma, a catequese é uma excelente oportunidade para evangelizar também os pais ou responsáveis pelos catequizandos, ou seja, vamos aproveitar que os pais ou responsáveis estão trazendo as crianças e adolescentes para a catequese, para também catequizá-los.

A catequese deve ser familiar, ou seja, ela também deve ser envolvida nos processos catequéticos. Em geral poderíamos dizer que essa catequese seria mais eficiente se as famílias participassem da comunidade cristã. Muitas vezes isso não acontece e a catequese acaba sendo delegada ao catequista que, mesmo tendo a responsabilidade de acompanhar a catequese, é uma parte do processo. Se a família participa da comunidade cristã, o catequizando será catequizado pela própria convivência.

É comum que os catequistas envolvam as famílias na participação das mais diversas celebrações, nas missas e entregas, como, por exemplo, a da Bíblia, do Credo e do Pai-Nosso. Há também os momentos de reunião com as famílias que podem ser de formação ou de celebração. Mas para as famílias que não estão acostumadas com a comunidade, esses momentos podem ser pesados, pois geralmente são mais demorados e trazem uma reflexão mais densa. A internet pode ser um bom instrumento para compor uma catequese familiar. E não se trata de entender que a catequese familiar, como processo, deva acontecer pela internet. Trata-se de entender a internet como uma possibilidade de contato da comunidade eclesial e do catequista com a família, de aproximação de criação de vínculos afetivos.

Podemos dizer que uma catequese familiar é mais eficiente se acontece "a conta gotas", ou seja, é melhor as famílias se relacionarem sempre com a comunidade e com os catequisas, mesmo que esse contato seja por pouco tempo. Assim, quando a família recebe uma mensagem, recebe um aviso ou mesmo uma instrução de uma atividade que deve ser realizada com todos os membros da família, estamos utilizando a internet como uma ferramenta para a catequese familiar.

As tecnologias podem ser um bom meio de acesso às famílias. Nem sempre as famílias conseguem acompanhar de perto aquilo que é feito na catequese. Grupos de WhatsApp ou redes sociais podem ser um bom início para o contato com as famílias. E a inserção delas na comunidade pode acontecer aos poucos e a função da catequese familiar é buscar essa aproximação.

Cabe a cada comunidade, dentro de suas diretrizes e perspectivas para uma catequese familiar, pensar quais são as melhores ferramentas para envolver as famílias no processo catequético. Nesse sentido, podemos dar algumas contribuições:

• Como dito, é importante conhecer os pais e responsáveis, criar vínculos afetivos. Isso pode começar por uma visita antes do início dos encontros de catequese, onde o catequista poderá levar o calendário das atividades programadas ao longo da etapa, e orientá-los sobre a dinâmica e metodologias aplicadas na catequese. Essa visita será uma ótima oportunidade também de conhecer a realidade familiar e social de cada catequizando.

• Uma vez aberto o diálogo, um grupo num aplicativo de troca de mensagens poderá ser criado. Ali, ao término de cada encontro, o catequista poderá enviar um breve resumo da temática refletida no encontro. Poderá indicar um texto bíblico para reflexão ou chaves para *Lectio Divina*. Além de sugestão de atividades a serem realizadas com os filhos.

• Vídeos e artigos formativos também podem contribuir na evangelização dos pais ou responsáveis ao serem compartilhados, tomando cuidado para não se tornar cansativo e excessivo. Uma mensagem por semana já pode ser o suficiente.

• O catequista poderá pedir auxílio em determinados encontros, solicitando o envolvimento e a ajuda de alguns dos responsáveis. Será uma oportunidade para ver os que têm talento e "jeito" para a catequese, podendo serem incentivados e preparados a serem futuros catequistas.

- Reuniões de formações online também poderão ser viabilizadas de tempos em tempos, buscando aguçar a curiosidade das famílias para temas pertinentes e importantes de nossa fé.

- Atividades em conjunto com a Pastoral Familiar poderão ser articuladas, sobretudo valorizando a Semana Nacional da Família, celebrado anualmente em agosto.

Deste modo, é possível utilizar da internet e das novas tecnologias para se aproximar das famílias, de estar sempre em contato com elas e ainda incentivando-as a estarem presentes nas diversas atividades da comunidade. Todas essas atividades podem acontecer presencialmente, mas também online, o que pode aproximar as famílias dos processos catequéticos.

3.12 Uma Igreja em saída para a internet

Poderíamos dizer que a internet é o novo areópago onde a Igreja anuncia Jesus e seu Evangelho (cf. At 17,22). Anunciamos Jesus em um contexto que, a princípio, não é receptivo a esta mensagem. Mas como anunciar o Evangelho no contexto digital? Estamos acostumados com a linguagem analógica, oral, a linguagem das pregações e exortações. A internet nos pede novas estratégias de evangelização.

Com a Exortação *Evangelii Gaudium* o Papa Francisco trouxe novo ares à evangelização da Igreja. Na verdade, ele busca os ares do Evangelho de Jesus. Uma das maiores contribuições de Francisco à evangelização é o entendimento da Igreja em saída (*EG*, n. 20-24).

A pandemia do coronavírus nos ensinou que não podemos nos limitar a esperarmos os fiéis em nossas igrejas. É claro que devemos ter as igrejas abertas e com pessoas para acolherem aqueles que buscam uma orientação, uma palavra, uma presença afetiva. Mas, como diz o Documento de Aparecida, não podemos nos limitar à pastoral da manutenção. Antes, devemos nos assumir como pastoral missionária (DAp, n. 365-370). Estar na internet é importante para a pastoral da Igreja.

Podemos pensar a atuação missionária cibernética em dois âmbitos diferentes. O primeiro é mais institucional, que está relacionado à produção de conteúdo para compartilharmos na internet. O outro está no âmbito comunitário, local, e está relacionado ao modo como nos relacionamos na internet, inclusive como comunidade cristã. Vamos tratar rapidamente dos dois.

Geralmente, nas redes sociais, compartilhamos posts e reportagens, imagens ou vídeos. Entendemos que este material para ser compartilhado, seja com mensagens do evangelho do dia ou parte da homilia do domingo, deve ser produzido pelas instituições, seja a paróquia ou a diocese. Muitas vezes esse material é produzido pelas equipes da Pascom (Pastoral da Comunicação). Mas os catequistas também podem criar perfis da catequese nas redes sociais, para compartilhar conteúdos que sejam de interesse da catequese. A internet pode ser, então, um elo entre os catequistas e as pessoas.

A Igreja deve ser acessível às pessoas, seja disponibilizando vivências, reflexões e conteúdos ou sendo presença que aponta para o ideal de vida cristã. Estar na internet, nas várias plataformas e aplicativos, é importante se assumimos a proposta de uma Igreja em saída. Se as pessoas estão na internet, também podemos estar.

3.13 Internet como lugar de ternura e coexistência

Será que a internet se transformou em um espaço de ódio onde as pessoas se atacam sem buscar nenhuma forma de diálogo? Às vezes parece que sim. Hoje em dia vivemos a lógica do cancelamento. Quando uma personalidade conhecida faz um comentário que desagrada, é comum que uma infinidade de pessoas a critique ou deixe de segui-la. Por mais que a internet seja colocada como ambiente de diálogo e informação, parece que muitas vezes as redes sociais se constroem como uma arena onde as pessoas se ofendem sem nenhum respeito.

Não se trata de acreditarmos que na internet somos passivos e aceitamos tudo. Não podemos criticar quando vemos uma ideia que entendemos como equivocada? Claro que podemos. Mas é comum que as pessoas se sintam protegidas pelo anonimato da internet e, equivocadamente, sinta que pode expressar suas ideias sem assumir as consequências diante daquilo que diz.

Ora, seria possível entender a internet como um lugar da vivência da empatia, da compaixão e da ternura? Isso até é possível, mas difícil. Isso porque nem sempre levamos nossas relações cotidianas para a internet. É como se nas redes sociais fôssemos outra pessoa que pode dizer o que quiser. A internet se torna lugar de vivência de afetos quando ela se torna extensão de nossas relações cotidianas. Na internet nos relacionamos com nossos familiares, nossos amigos e com aqueles que participam conosco da comunidade eclesial.

A internet pode ser um espaço para que os catequizandos "espalhem o bem". E como isso pode acontecer? O catequista pode propor um bom desafio de em um dia específico os catequizando trocarem boas mensagens, boas notícias e orações. Isso pode acontecer por aplicativos de troca de mensagens, mas também em uma plataforma ou site a se combinar.

3.14 Catequese permanente

A catequese não se limita à preparação para os sacramentos. É claro que, sempre que o cristão recebe um sacramento, os processos catequéticos se intensificam, mas não podemos pensar a catequese apenas como um período ou como a realização de encontros que se encerram após o catequizando receber o sacramento. É justamente por causa dessa mentalidade e desse modelo de catequese que muitos catequizandos deixam de frequentar a comunidade ou entendam que o sacramento é como a formatura, podendo, em sua cabeça, desfrutar de suas merecidas férias.

Ao entendermos que a catequese acontece como processo permanente, nos abrimos à internet como possível instrumento com o qual a comunidade cristã pode trabalhar. Quando uma comunidade paroquial constrói um site ou administra uma conta nas redes sociais, ela está se abrindo à possibilidade de utilizar esse espaço como uma catequese permanente.

A internet possibilita que a formação dos cristãos aconteça de maneira remota, ou seja, não dependemos de marcar dia e horário às comunidades para que os cristãos tenham acesso à formação. Muitas paróquias organizam formação para o laicato de diversas maneiras, inclusive disponibilizando o material formativo em seus sites.

 A internet possibilita postagens de vídeos formativos, podcasts ou outros conteúdos que possibilitem uma catequese permanente. Nem sempre conseguimos estar na comunidade, seja por nossos compromissos de trabalho, familiares ou pelo ritmo de vida das cidades. A comunidade eclesial pode proporcionar ao cristão instrumentos acessíveis para atender ao desenvolvimento de uma catequese permanente. Ouvir um podcast na volta do trabalho, ou assistir a um pequeno vídeo formativo antes de dormir, são exemplos de como a catequese pode dialogar com os seus interlocutores.

Os anos da pandemia nos mostraram o quanto podemos utilizar a internet como meio para a evangelização e a catequese permanente. A internet pode nos colocar em contato com conteúdos e reflexões que, presencialmente não teríamos. Pela internet conseguimos, por exemplo, ler e assistir as homilias, catequeses e mensagens do papa. E temos acesso às suas mensagens com maior rapidez.

Mas é a vivência eclesial que faz com que a catequese permanente não se limite a conteúdos. Quando celebramos a Palavra e a Eucaristia, quando nos reunimos para as reuniões e vivências pastorais, quando realizamos trabalhos na comunidade é que vivenciamos a mensagem do Evangelho. A catequese é vivência cristã, é experiência embasada pelos ensinamentos de Jesus.

3.15 Formação de catequistas

A internet deve ser explorada como instrumento para a formação de catequistas. Muito se fala sobre a importância da formação, mas nem sempre os catequistas têm acesso aos cursos, palestras ou semanas de estudo. A internet permite que o catequista busque formação, mas também permite que as comunidades ofereçam formação para seu grupo de catequistas por meio de instrumentos como lives, encontros online, videoconferência , usando plataformas para se reunir. A internet possibilita o contato dos catequistas com assessores, professores e outros catequistas de diferentes localidades.

> **Lives** são transmissões ao vivo que acontecem por meio de plataformas como o YouTube ou redes sociais como o Instagram ou Facebook. As lives foram popularizadas por artistas, mas também acontecem para veicular palestras ou mesmo momentos celebrativos das igrejas.

Catequistas são pessoas de extrema dedicação. Se pensarmos no tempo que eles dedicam à missão da catequese e à comunidade eclesial, vemos que a cada semana eles se ocupam da realização dos encontros, mas também preparam esses encontros com dedicação e participam da celebração da Eucaristia. Muitos catequistas também assumem outros serviços em suas comunidades. Mas qual o tempo que os catequistas têm para a sua formação?

Os catequizandos são cada vez mais tecnológicos e isso faz com que eles tenham mais acesso à informação. Mesmo entendendo que a catequese é vivência, mais do que conteúdo, sabemos que o catequista precisa estar preparado para o diálogo. Muitas paróquias têm cursos e semanas de preparação para catequistas. Em outras essa estrutura de formação é mais precária e são os catequistas que buscam sua própria formação. As escolas diocesanas de catequese são cada vez mais comuns, mas nem sempre acessíveis por acontecerem em outras cidades.

A internet abre aos catequistas uma nova possibilidade de formação. Existem cursos de pós-graduação e extensão universitária voltados à catequese, suas metodologias, relação com a liturgia ou mesmo sobre os aspectos fundamentais da catequese como a inspiração catecumenal e a iniciação à vida cristã. Também há cursos de graduação em teologia a distância. Também cursos livres, de algumas horas de duração, estão disponíveis aos catequistas. A internet facilitou o acesso ao conteúdo e à formação. Mas o incentivo financeiro ainda é um desafio. Muitos catequistas dependem de suas próprias economias para a formação e nem sempre têm condições de custeá-la. Cabe à coordenação de catequese, junto com o pároco e os conselhos comunitários e paroquiais, pensar em alternativas para que a questão financeira não seja um impeditivo para a formação dos catequistas.

É muito provável que os catequistas de uma comunidade tenham um grupo em um aplicativo de troca de mensagens (WhatsApp ou Telegram, por exemplo). Esses grupos facilitam a comunicação e muitas vezes evitam que marquemos reuniões apenas para passar vários avisos e fazer encaminhamentos. Os grupos também podem ser espaço para compartilhar ideias e conteúdos publicados na internet.

A internet traz uma infinidade de ferramentas que podem auxiliar a coordenação de catequese sobretudo a organizar a vida dos catequistas além dos grupos de mensagens. Existe a possibilidade de agenda online e de mural para compartilhar ideias, projetos e arquivos, e, inclusive, que possibilitam a edição online, por exemplo.

Mas também há um desafio. No período da pandemia intensificaram-se as formações e cursos online. Tivemos contato com catequistas de vários lugares do Brasil e pudemos perceber que muitos deles têm dificuldades de acesso a plataformas e aplicativos. Muitos não têm um endereço de e-mail e não estão habituados a navegar na internet. Como podemos ajudar esses catequistas que têm dificuldade? Às vezes é preciso até ajudar com a criação de um e-mail ou perfil em redes sociais e explicar qual a diferença entre um e-mail e uma mensagem no WhatsApp. Talvez a coordenação da catequese poderia propor uma formação a todos os catequistas quanto ao uso das ferramentas digitais, e até quem sabe, contando com a colaboração dos catequizandos ou jovens da Pastoral da Comunicação nessa capacitação.

A equipe de coordenação tem como uma de suas funções, facilitar a organização e o planejamento da equipe de catequese. E planejamento é mais do que montar um calendário. É pensar a catequese estrategicamente, em diálogo com as demandas comunitárias, paroquiais, diocesanas e da Igreja como um todo. A relação entre a catequese e a internet é uma realidade que se torna cada vez mais próxima dos processos catequéticos que envolvem os catequizandos, suas famílias, os catequistas e a comunidade eclesial.

Vamos propor algumas iniciativas a curto, médio e longo prazo que dependem muito das esferas comunitárias locais, paroquiais e até diocesanas para serem implementadas, mas que ajudam a pensar estrategicamente o trabalho catequético em relação com a internet.

a. Iniciativas a curto prazo:

São aquelas que podem ser organizadas pela coordenação comunitária e paroquial e que não necessitam de muita estrutura, podendo contar com equipamentos que já utilizamos no nosso cotidiano.

- Realizar momentos de formação de catequistas. Pensamos em momentos, pois quando a comunidade de catequistas se reúne, há interação e troca de experiência, mas sabemos que a formação é mais do que uma palestra, passando pela leitura de livros e pesquisa na internet.

- Identificar quais são as dificuldades dos catequistas na utilização de tecnologias. Pode haver catequistas que têm mais dificuldade com as tecnologias e outros que têm menos, e outros, ainda, que podem ajudar os catequistas.

- Pensar ferramentas, aplicativos e plataformas que possam ser utilizados de forma prática no encontro de catequese. Partilhar entre os catequistas as experiências realizadas ajuda os catequistas com menos conhecimento a pensarem possibilidades, ferramentas e caminhos.

b. Iniciativas a médio prazo:

São aquelas iniciativas que podem ser desenvolvidas em nível local, comunitário, mas que precisam de algum planejamento ou estrutura.

- Abrir páginas em redes sociais da catequese paroquial, sempre em diálogo com a Pascom ou com a página da paróquia ou comunidade. Devemos unir esforços e não criar demandas desnecessárias. Mas a página da catequese pode trabalhar postagens e temas próprios da catequese.

- Pensar em uma catequese familiar que aconteça com a ajuda da internet.

c. Iniciativas a longo prazo:

Essas iniciativas são mais estruturais e dependem de parcerias com as dioceses ou com as estruturas paroquiais.

- Pensar na produção de conteúdo que possa ser utilizado pelos catequistas. Quando temos o que compartilhar, o trabalho na internet se torna mais fácil. Nem sempre é fácil produzir conteúdo para a internet.

À coordenação de catequese cabe a postura de serviço e de empatia. Muitos catequistas, principalmente aqueles de mais idade, se dedicam ao trabalho catequético, mas não apresentam muitas habilidades com a internet. É preciso trabalhar a abertura à utilização de ferramentas novas sem, contudo, cair na ideia de que somos obrigados sempre a utilizar essas ferramentas. É preciso ainda dizer que a internet e as novas tecnologias ajudam a otimizar a organização da catequese, não devendo nunca substituir a convivência e os encontros presenciais de convivência dos catequistas.

Por um novo jeito de fazer catequese

INTERAGIR COM O CATEQUIZANDO

Novos tempos pedem novas estratégias de evangelização. Paulo escrevia as epístolas (cartas), Antonio de Pádua era conhecido por seus sermões admirados por sua retórica e eloquência, Anchieta utilizava as peças teatrais e todos eles tinham o anseio de divulgar a mensagem do Evangelho através de sua ação. Hoje, o ciberespaço pede que estejamos presentes na internet. Os documentos papais estão todos disponíveis no site do Vaticano. Até mesmo os sínodos dos bispos são desenvolvidos por meio da internet. O Sínodo para a juventude, realizado em 2018, teve todo o processo de consulta realizado pela internet. Os jovens e pastorais juvenis de todo o mundo puderam participar respondendo as questões propostas pela comissão organizadora.

A pandemia do Covid-19 de 2020 e 2021 fez com que muitas comunidades paroquiais passassem a cuidar com mais zelo dos trabalhos realizados pela internet, como as transmissões de celebrações nas páginas sociais e, em alguns lugares, os encontros de catequese contaram com a ajuda das novas tecnologias. Mas a internet também passou a ser vista como um instrumento em favor dos processos pastorais e muitas paróquias e dioceses passaram a realizar reuniões de catequistas e momentos de formação por meio de plataformas.

Não conseguiremos pensar na relação entre a catequese e a internet se não nos abrirmos às possibilidades. As mudanças geralmente vêm das necessidades e dos desafios enfrentados que pedem novas formas de atuação. A atitude de pensar estratégias que proporcionem um maior diálogo com os catequizandos é o primeiro passo para uma catequese no mundo atual.

Sugestões pastorais

Caros catequistas, ao longo das páginas deste livro, refletimos sobre diversos temas e assuntos correlacionados ao ambiente virtual, desde a contextualização da temática até a prática da catequese frente à internet e aos meios de comunicação social. Aqui, elencamos, como uma síntese, algumas das sugestões e apontamentos pastorais feitos ao longo do texto, que poderão ser incorporados ao processo de iniciação à vida cristã.

a. Na relação com a coordenação de catequese e formação de catequistas:

- Propor junto à coordenação da catequese, cursos e oficinas para capacitação de todos os catequistas para que possam conhecer as diversas ferramentas oferecidas pela internet e seus meios;

- Propor momentos de formação com catequistas que pensem estratégias para a utilização da internet nos encontros de catequese. Muitas vezes há catequistas com mais facilidade no uso das novas tecnologias. A partilha de ideias sempre é viável;

- Pensar na utilização de aplicativos na organização da equipe de catequese. Os recados, por exemplo, podem ser transmitidos pelos grupos de WhatsApp. A utilização de aplicativos ajuda catequistas menos acostumados com tecnologia. Contudo, é necessário ter sensibilidade para não excluir um catequista que porventura não tenha acesso ou facilidade com as novas tecnologias;

- Propor um estudo sobre o Diretório para a Catequese, sobretudo dos parágrafos de n. 359 a 372 que tratam da relação da catequese com a cultura digital.

b. No âmbito paroquial:

- Sugerir a criação de perfil da pastoral catequética paroquial nas redes sociais, para que cada turma de catequese compartilhe as atividades e reflexões realizadas, e ainda, para que possa ser experimentado pelos catequizandos como ambiente de evangelização e propagação da fé;

- Envolver a Pastoral da Comunicação seja na formação de catequistas, seja na utilização de ferramentas. Também é importante envolver os conselhos pastorais comunitários e paroquiais para que a comunidade se sinta participante dos processos catequéticos.

c. Na relação com os catequizandos:

- Criar grupo em aplicativo de troca de mensagens com pais e outro com catequizandos, facilitando a comunicação;

- Nos encontros de catequese, explorar vídeos, músicas e textos disponíveis nas plataformas digitais, relacionados à temática refletida, ou até mesmo compartilhá-los no pós-encontro;

- Propor encontros online com os catequizandos de acordo com cada realidade, bem como, momentos formativos com as suas famílias;

- Fazer uma observação participativa, em que os catequizandos poderão fazer uma análise de perfis das diversas redes sociais identificando incoerências com os valores evangélicos e com a falta de testemunho cristão (*cyberbullying*, *fake news*, discursos de intolerância e ódio), ajudando-os a refletir sobre a postura de cada um e suas responsabilidades nesses ambientes.

- Propor atividades complementares que explorem o mundo digital. A internet traz inúmeras possibilidades de trabalhos que podem ser desenvolvidos fora do encontro de catequese. Os próprios catequizandos podem partilhar suas preferências;

- Os smartphones, mesmo os mais simples, trazem várias ferramentas que podem ser utilizadas no processo catequético. A câmera pode ser utilizada para que o catequizando grave uma pequena reflexão, também mensagens de voz podem ser utilizadas na produção de podcasts. Explore essas ferramentas que dialogam com a rotina dos catequizandos;

- Propor desafios relacionados à temática refletida no encontro de catequese, ou ao calendário litúrgico e ainda às práticas de penitência ou devocionais da Igreja. Por exemplo, no Tempo da Quaresma, é comum que comunidades se reúnam antes do nascer do sol para momentos orantes, penitenciais. Propor que todos acordem de madrugada para rezar juntos por chamada de vídeo pelo WhatsApp. Rezarem o terço ou via-sacra online, fazendo oratórios nas casas e compartilhando as fotos pelas redes sociais.

Conclusão

NAVEGAR OS MARES DA INTERNET

Quando nos deparamos com uma situação desafiadora, podemos ter duas posturas. Ou nos sentimos angustiados e incapazes, ou nos sentimos entusiasmados, desafiados e encorajados a decifrar novos caminhos. Em ambas as posturas, contudo, podemos nos sentir inseguros, o que é normal quando não conhecemos a situação. Adentrar no universo da internet pode deixar qualquer catequista inseguro, mas não devemos nos deixar amedrontar.

A internet ainda é um ambiente novo, mas já consolidado. Não podemos cair no erro de acreditar que a internet em si é um mal. Caminhamos para uma sociedade cibernética e nos parece que esse movimento é irreversível. Mas também não podemos ter a ingenuidade de acreditar que tudo o que está na internet é bom. Há pessoas que fazem mau uso da internet assim como há pessoas que fazem mau uso de vários instrumentos inventados ao longo da história. Devemos cultivar o uso maduro e consciente do ciberespaço, fazendo com que tudo contribua para a construção de uma sociedade melhor.

Um bom caminho para uma internet mais humanizada é aproveitarmos o ciberespaço para compartilhar ideias, vidas e iniciativas amorosas. E esse critério vale tanto para nosso uso pessoal da internet e das redes sociais, como vale também para as páginas oficiais de nossas comunidades paroquiais. Será que aquilo que eu compartilho edifica? Será que constrói ideias boas? É comum que compartilhemos *fake news* sem termos noção de que se trata de notícias falsas. Compartilhemos mais iniciativas locais, aprendamos a pensar como sujeitos conscientes de nosso papel de cristão e de cidadão.

Assim como os discípulos de Jesus, devemos nos sentir encorajados a ir para as águas mais profundas (Lc 5,4). Hoje a internet é um dos mares a serem desbravados. O cristianismo é chamado a ser presença navegando também pela cibercultura. É no mar da internet que somos chamados a navegar, sendo presença de um Deus amoroso. Rememos, mesmo que nossos remos sejam simples, de madeira. Lancemos nossas redes, mas não para aprisionar ninguém como fazem os *haters* com seus julgamentos, mas lancemos nossas redes de solidariedade e de amor. Que nossas âncoras não nos deixem estagnados, sem coragem de navegar, mas que nos lancem à esperança daqueles que caminham com Deus. Naveguemos pelos podcasts, vídeos, compartilhamentos, pelas lives que partilham boas ideias e inspirações.

Referências

ARNOSO, Rodrigo & PARO, Thiago Faccini. *Conhecer o Ano Litúrgico que vivenciamos*. Petrópolis: Vozes, 2021.

BAUMAN, Zygmunt. *Modernidade líquida*. Rio de Janeiro, 2001.

BHABHA, Homi. *O local da cultura*. 2. ed. Belo Horizonte: UFMG, 2013.

BIBLIA SAGRADA. Edição da Família. 51. ed. Petrópolis: Vozes, 2012.

CANCLINI, Néstor Garcia. *Diferentes, desiguais e desconectados*: mapas da interculturalidade. Rio de Janeiro: UFRJ, 2015.

CANDAU, Vera Maria. *Didática crítica intercultural*: aproximações. Petrópolis, RJ: Vozes, 2018.

CASTELLS, Manuel. *O poder da identidade*. 9. ed. São Paulo/ Rio de Janeiro: Paz e Terra, 2018.

Catecismo da Igreja Católica. São Paulo: Vozes/Loyola, 1993.

CELAM. *Documento de Aparecida*. Texto conclusivo da V Conferência do Episcopado Latino-Americano e do Caribe. São Paulo: Paulus/Paulinas/Edições CNBB, 2007.

CELAM. *Santo Domingo*, Loyola.

CNBB. *Diretrizes gerais da ação evangelizadora da Igreja no Brasil*: 2019-2023. Documentos CNBB 109. Brasília: Ed. CNBB, 2019.

_____. *Guia Litúrgico-Pastoral*. Brasília: Ed. CNBB, 2017.

_____. *Iniciação à Vida Cristã*. Itinerário para formar discípulos missionários. Documentos da CNBB 107. Brasília: Ed. CNBB, 2017.

_____. *Diretrizes Gerais da Ação Evangelizadora da Igreja no Brasil*: 2015-2019. Documentos da CNBB 102. São Paulo: Paulinas, 2015.

_____. *Comunidade de comunidades*: uma nova paróquia. A conversão pastoral da paróquia. Documentos CNBB 100. Brasília: Ed. CNBB, 2014.

_____. *Orientação para Projeto e Construção de Igrejas e Disposição do Espaço Celebrativo*. Estudos da CNBB 106. Brasília: Ed. CNBB, 2013.

_____. *Diretório Nacional de Catequese*. São Paulo: Paulinas, 2006.

_____. *Catequese Renovada*. Orientações e conteúdos. Doc. 26. São Paulo: Paulus, 1985.

CONCÍLIO ECUMÊNICO VATICANO II. Constituição Conciliar Sacrosanctum Concilium sobre a sagrada liturgia. In: *Documentos do Concílio Ecumênico Vaticano II (1962-1965)*. 3. ed. São Paulo: Paulus, 2014.

_____. Constituição Dogmática Dei Verbum sobre a revelação divina. In: *Documentos do Concílio Ecumênico Vaticano II (1962-1965)*. 3. ed. São Paulo: Paulus, 2014.

_____. Constituição Dogmática Lumen Gentium sobre a Igreja. In: *Documentos do Concílio Ecumênico Vaticano II (1962-1965)*. 3. ed. São Paulo: Paulus, 2014.

_____. Constituição Pastoral Gaudium Et Spes sobre a Igreja no mundo de hoje. In: *Documentos do Concílio Ecumênico Vaticano II (1962-1965)*. 3. ed. São Paulo: Paulus, 2014.

COVAS, António. *O sexto continente*: a nação-internet, a grande bifurcação da era digital. Lisboa: Sílabo, 2018.

Didaqué instruções dos apóstolos – Catecismo dos primeiros cristãos. Petrópolis: Vozes, 2019.

FRANCISCO. *Exortação Apostólica* Evangelii Gaudium. São Paulo: Paulinas, 2013.

HALL, Stuart. Quem precisa de identidade? In: SILVA, Tomaz Tadeu da (Org.). *Identidade e diferença*: a perspectiva dos estudos culturais. 15. ed. Petrópolis, RJ: Vozes, 2014. p. 103-133.

HAN, Byung-Chul. *Hiperculturalidade*: Cultura e globalização. Petrópolis: Vozes, 2019a.

_____. *A salvação do belo*. Petrópolis: Vozes, 2019b.

_____. *No enxame*: perspectivas do digital. Petrópolis: Vozes, 2018.

_____. *Sociedade do cansaço*. 2 ed. Petrópolis: Vozes, 2017a.

_____. *Sociedade da transparência*. Petrópolis: Vozes, 2017b.

IBGE. Pesquisa Nacional por Amostra de Domicílios Contínua. Disponível em: <https://biblioteca.ibge.gov.br/visualizacao/livros/liv101705_informativo.pdf>. Acesso em 25/06/2020.

KESSING, Roger M. & STRATHERN, Andrew J. *Antropologia cultural*: uma perspectiva contemporânea. Petrópolis: Vozes, 2014.

KEYES, Ralph. *A era da pós-verdade*: desonestidade e enganação na vida contemporânea. Petrópolis: Vozes, 2018.

LÉVY, Pierre. *Cibercultura*. São Paulo: Editora 34, 2018.

LIPOVETSKY, Gilles. *A felicidade paradoxal*: ensaio sobre a sociedade de hiperconsumo. São Paulo: Companhia das letras, 2007.

LIPOVETSKY, Gilles; SERROY, Jean. *A cultura-mundo*: resposta a uma sociedade desorientada. São Paulo: Companhia das letras, 2011.

MAFFESOLI, Michel. *No fundo das aparências*. 4. ed. Petrópolis: Vozes, 2010.

MARCHINI, Welder L. & CARLETTI, Renan S. Salvação do corpo: Sujeito e negatividade a partir da filosofia de Byung-Chul Han. *REB*, Petrópolis, volume 80, número 316, p. 441-455, Maio/Ago. 2020. Disponível em < http://revistaeclesiasticabrasileira.itf.edu.br/reb/article/view/2055/1791 >.

MARCHINI, Welder Lancieri. *Por uma Igreja jovem*: Roteiro de leitura para a Exortação pós-sinodal *Christus Vivit*. São Paulo: Paulinas, 2020.

_____. *Paróquias urbanas*: entender para participar. Aparecida: Santuário, 2017.

_____. *A cura a distância*: os espiritas kardecistas e a busca da cura pela internet. Último Andar, v. 3, p. 101-114, 2016.

PARO, Thiago F. *Conhecer a FÉ que professamos*. Vozes: Petrópolis, 2017.

PONTIFÍCIO CONSELHO PARA A PROMOÇÃO DA NOVA EVANGELIZAÇÃO. *Diretório para a catequese*. São Paulo: Paulus, 2020.

_____. *Diretório para a catequese*. São Paulo: Paulus, 2020.

PONTIFÍCIO CONSELHO PARA AS COMUNICAÇÕES SOCIAIS. *Igreja e internet*. Disponível em <http://www.vatican.va/roman_curia/pontifical_councils/pccs/documents/rc_pc_pccs_doc_20020228_church-internet_po.html>. Acesso em 13/09/2020.

SANTOS, Milton. *Por uma outra globalização*: do pensamento único à consciência universal. Rio de Janeiro: Record, 2013.

SBARDELOTTO, Moisés. *Comunicar a fé*: Por quê? Para quê? Com quem? Petrópolis: Vozes, 2020.

_____. *E o verbo se fez rede*: religiosidade em reconstrução no ambiente digital. São Paulo: Paulinas, 2017.

_____. *E o verbo se fez bit*: a comunicação e a experiência religiosa na internet. Aparecida: Santuário, 2012.

SOUZA, Ney de. *História da Igreja: notas introdutórias*. Petrópolis, RJ: Vozes, 2020.

SPADARO, Antonio. *Quando a fé se torna social*. São Paulo: Paulus, 2016.

_____. *Web 2.0*: Redes sociais. São Paulo: Paulinas, 2013.

_____, Antonio. *Ciberteologia*: Pensar o cristianismo nos tempos da rede. São Paulo: Paulinas, 2012.

CULTURAL
Administração
Antropologia
Biografias
Comunicação
Dinâmicas e Jogos
Ecologia e Meio Ambiente
Educação e Pedagogia
Filosofia
História
Letras e Literatura
Obras de referência
Política
Psicologia
Saúde e Nutrição
Serviço Social e Trabalho
Sociologia

CATEQUÉTICO PASTORAL
Catequese
 Geral
 Crisma
 Primeira Eucaristia

Pastoral
 Geral
 Sacramental
 Familiar
 Social
 Ensino Religioso Escolar

TEOLÓGICO ESPIRITUAL
Biografias
Devocionários
Espiritualidade e Mística
Espiritualidade Mariana
Franciscanismo
Autoconhecimento
Liturgia
Obras de referência
Sagrada Escritura e Livros Apócrifos

Teologia
 Bíblica
 Histórica
 Prática
 Sistemática

VOZES NOBILIS
Uma linha editorial especial, com importantes autores, alto valor agregado e qualidade superior.

REVISTAS
Concilium
Estudos Bíblicos
Grande Sinal
REB (Revista Eclesiástica Brasileira)

VOZES DE BOLSO
Obras clássicas de Ciências Humanas em formato de bolso.

PRODUTOS SAZONAIS
Folhinha do Sagrado Coração de Jesus
Calendário de mesa do Sagrado Coração de Jesus
Almanaque Santo Antônio
Agendinha
Diário Vozes
Meditações para o dia a dia
Encontro diário com Deus
Guia Litúrgico

CADASTRE-SE
www.vozes.com.br

EDITORA VOZES LTDA.
Rua Frei Luís, 100 – Centro – Cep 25689-900 – Petrópolis, RJ
Tel.: (24) 2233-9000 – Fax: (24) 2231-4676 – E-mail: vendas@vozes.com.br

UNIDADES NO BRASIL: Belo Horizonte, MG – Brasília, DF – Campinas, SP – Cuiabá, MT
Curitiba, PR – Fortaleza, CE – Juiz de Fora, MG – Petrópolis, RJ – Recife, PE – São Paulo, SP